大展好書 好書大展

易學智慧 4

董光璧／著

易學與科技

大展出版社有限公司

序

任繼愈

《易經》這部書幽微而昭著，繁富而簡明。五千年間，易學思想有形無形地影響著中華民族的社會生活、政治生活以及人生哲學。

《周易》經傳符號單純（只有陰陽兩個符號），文字簡約（約兩萬四千餘字），給後代詮釋者留出馳騁才學的廣闊天地。迄今解易之書逾數千家。近年已有電子傳播媒體，今後闡釋易學的各種著作勢將更爲豐富。

歷代有眞知灼見的易學研究者，從各個方面反映各時代、各階層的重大問題。前人研究易學的成果豐富了中華民族的文化寶庫。研究易學，古人有古人的重點，今人有今人的重點。今天中國人的使命是加速現代化的步伐，光輝二十一世紀。

易學，作爲中華民族文化遺產，也要爲文化現代化而做貢獻。當代新易學的任務之一是擺脫神學迷信。易學雖起源於神學迷信，其出路卻在於擺脫神學迷信。凡是有生命的文化，都植根於現實生活之中，不能游離於社會之外。大到社會治亂，小到個人吉凶，都想探尋個究竟。人在世上，是聽命於神，還是求助於人，爭論了幾千年，這兩條道路都有支持者。

哲學家見到《易經》，從中悟出彌綸天地的大道理；德國萊布尼茲見到《易經》，從中啓悟出數學二進制的前景；嚴君平學《易經》，構建玄學易學的體系；江湖術士不乏「張鐵口」、「王半仙」之流，假易學之名，蠱惑愚衆，欺世騙財。易學研究走什麼道路，是易學研究者普遍關心的大事，每一位嚴肅的易學研究者頁有學術導向的責任。

本叢書的撰著者多是我國近二十年來湧現的中青年易學專家。他們有系統的現代科學訓練的基礎，有較深厚的傳統文化素養，有嚴肅認眞的學風，易學造詣各有專攻。這部叢書集結問世，必將有益於世道人心，有助於易學健康開展，爲初學者提供入門津梁，爲高深造詣者申一得之見以供參考。

這套叢書的主旨，借用王充《論衡》的話——「疾虛妄」。《論衡》作於二千年前。然而，舊迷霧被清除，新迷霧又瀰漫，「疾虛妄」的任務遠未完成。如果多數群衆尚在愚昧迷信中不能擺脫，我們建設現代化國家的精神文明就無從談起。我們的任務艱巨而光榮。

本叢書的不足之處，希望與讀者同切磋，共同提升。

目　錄

第三章　易學與傳統科學………………… 125

導　論

　　易學和科學不僅是兩種不同的學問，而且是兩個不同時代的文化。在中國春秋戰國時期，對古老的占筮決疑書《易經》作理性的注釋和發揮的《易傳》出現了，它們可視為易學成立的標誌。

　　而嚴格的科學則產生在近代的歐洲，只是在追溯其歷史時才有古代科學和中世紀科學之說。在追溯歷史的意義上，中國傳統文化中也自有其科學的源流。

　　在中國古代和中古代文化中，易學與科學的關係是共生互動的。產生於歐洲的近代科學與中國傳統文化沒有直接的流源關係，但因科學是反映自然規律的，自然有古今相通之理。特別是20世紀初以來，近代科學的世界觀基礎之侷限性逐漸顯露，並且新科學的世界觀還表現出向東方古代哲學思想歸復的傾向。

　　現代科學的自然觀和方法論正在從分析重構論向整體生成論轉變，這種跡象似乎表明，以整體生成論為特徵的易學思維模式，雖然不能自然地發展出產生自歐洲的那種近代科學，卻可能為現代科學提供某種啟迪，為科學的未來發展開闢道路。

易學的科學內涵

易學對科學的影響是以它的前科學性和科學內涵為基礎的。合《易經》與《易傳》為一體的《周易》已具備基本的理論形態，它是概念和符號結合的具有明確邏輯結構的理論體系。由陰爻（--）和陽爻（一）兩個符號排列組合的易卦系統，與以陰陽概念為綱紀組成的範疇體系相結合，形成一種特殊的理論結構模式。

經歷代易學家的闡釋，範疇體系、符號系統以及它們之間的對應關係逐漸完善並模式化。

從《易傳》出發形成的中國傳統科學科技思維定式，包括了宇宙秩序原理、方法論原則和科學技術觀。

易學的宇宙秩序原理以陰陽概念為基礎，主要有生成原理、感應原理和循環原理。它們構成一種生機論的自然觀。易學的方法論原則以象、數、理等觀念為基礎，主要有象數論、比類論和實驗論。它們組成一種研究程序理論。易學的科學技術觀以「天人合一」觀為基礎，主要有「製器尚象」觀、「天工開物」觀和「道術一本」觀。它們強調將天地人作為統一的整體加以研究，主張德性與知性並重、理性與價值合一，建天人整體之學。

易學不僅提供了一套自然觀、方法論和科學觀，而且其本身也具有科學內涵，主要表現為易卦符號系統的數學特徵和關於物理的理論觀念。

　　有關易卦符號系統和河洛理數的研究以及筮法的機巧設計，不僅展示了原始的組合數學的面貌，而且還包含近現代數學的某些先驅思想和啟迪未來的素材。歷代易學家發展的符號系統主要有兩種：一為《周易》系統（包括漢焦贛在其《易林》中提出的由六十四卦相重而得的四千零九十六卦系統）；另一為《太玄》系統（包括九天玄女卦）。前者是二元符號系統，後者是三元符號系統。

　　除此之外，尚有漢代道教的四元系統《靈棋經》，北宋司馬光（1019－1086）的十元系統《潛虛》，南宋蔡沈（1167－1230）的九元系統《洪範皇極》。以數學語言講，它們都是有限重集排列。二元符號系統到北宋發展為數學上完備的邵雍（1011－1077）先天圖，二元素有限重集排列完整到排列數 n 可為任意自然數，達到排列數 $N＝2^n$ 的結果。萊布尼茨（Gotfried Wilhelm Leibniz, 1646－1716）發現邵雍的六十四卦排序與他的二進制數表的一致性。焦循（1763－1820）發現六十四卦結構與五乘方分解相同，實質上給出了它的代數解。從代數看，易卦符號排列體系蘊涵著量子代數思想。沿邵雍推廣的易卦生成法圖示推論，還可達到歷史上從未有的「變維空間」概念①。

　　易圖的方圓排布實際上還提供了一種原始的坐標系統。易圖對稱性的種種研究，在世界上是絕無僅有的。

　　清代陳夢雷的方圖內外圖，在二十世紀 30 年代，被薛學潛合理地解釋為一種矩陣。

　　在易學發展史上，京房（前 77－前 37）的「飛伏」說、

孔穎達（574-648）的「復變」說、來知德（1525-1604）的「錯綜」說，實為不同的符號分類原理；各種卦變說，如荀爽（128-190）、虞翻、李之才（？1048）、朱熹（1130-1200）、俞琰（1258-1314）等人的「卦變」說，可視為不同的符號生成法則；而有關卦序的種種研究，如「八宮」說、「重卦」說、「先天」說和「後天」說等，都提出了各自的符號排序規則。這些都表明當時易卦符號學研究所達到的科學水平。

九宮數圖開河洛理數研究之先河。它已作為最古老的組合數學文獻載入史冊。河圖洛書研究導致的縱橫圖排列研究，南宋易學家丁易東的水平並不亞於數學家楊輝。

易數研究中有關天地數、大衍數的種種解釋多無科學價值，其一部涉及幾何學，如來知德的三角排列、李光地（1642-1718）的四方數和六角排列，特別是大衍勾股解與幾何證明聯繫在一起卻別有一番新意。作為圖中之圖的當代分維幾何學，在易學河洛理數研究中有它的先兆，它貢獻了圖象語言的一種比較好的理解和應用②。

《周易》筮法不僅提供了運用概率決疑的一種程序，而且其機巧設計還蘊涵一種數學結構。秦九韶發現它的同餘結構並發明了求解一次同餘式的一種程序——大衍求一術，領先世界數百年。③

易學與傳統科學

關於易學對中國傳科學影響之討論，既可以是「宏觀」的一般性討論，也可以是「微觀」的具體討論。本書取宏觀討論的進路，對易學與傳統科學的起源、定型、發展所起的作用，給予概略的評說。關於易學與中國傳統科學的起源問題。《繫辭下傳》的第二章有一大段話，把中華民族的早期

---

①關於「變維空間」概念我在 1990 年安陽「周易與現代自然科學國際學術討論會」上先發表了《易圖的變維空間結構》（載丘亮輝等主編：《周易與現代自然科學》，中州古籍出版社，1992 年），後來我又發表了基於歷史考察的更詳盡的論文《變維空間概念及其意義》（載董光璧主編：《物理時空新探》，湖南教育出版社，1992 年）。

②1988 年秋在美國聖地亞哥召開的「第五屆國際中國科技史會議」上，英國皇家藝術學院的 Rebcca Bloxham 提交了論文「Patterns within patterns：the fractal nature of ancient chinese number patterns」專門討論象數學與分維幾何學的關係。

③有關秦九韶的「大衍求一術」與易學的關係爭論不一。有關這方面的論文可舉：錢寶琮的《宋元時期的數學與道學的關係》（載《宋元數學史論文集》，1966 年）、羅見今的《九章算數與周易》和李繼閔的《蓍卦發微初探》（均載吳文俊主編：《秦九韶與數書九章》，北京師範大學出版社，1987 年）、董光璧的《大衍數與大衍術》（載《自然辯證法研究》，第 4 卷，1988，第 3 期，第 4648 頁）。

重大發明，例如農具、衣裳、舟輯、服牛乘馬、杵臼、弧矢、宮室、棺槨、書契等，都說成是依卦象的啟示而發明的。這類「科學」源於「易學」的斷言當不可信。近人提出的種種易學的科學起源說①，諸多論證雖有一定道理，但尚缺乏考古學證據。

關於易學與傳統科學範式的形成的關係，比起源問題上的互動要明朗得多。易學的形成以《易傳》為標誌，它出現在戰國中後期大體已成為定論。而傳統科學的骨架或者說範式的形成則在其後的秦漢時期。從前後次序這一歷史的邏輯看，前者有可能為後者提供某種啟迪和助力。

作為傳統科學構架基礎的陰陽、五行學說並非直接來源於易學。因為在戰國時期已有陰陽、五行學派。儘管早期的易卦符號蘊涵有陰陽概念，但《易傳》中的陰陽思想顯然源於陰陽家。《易傳》中沒有五行思想，這種思想在漢代分別為易學和科學吸收。一般說來，作為傳統科學基礎的陰陽五行思想與易學沒有傳承關係，但是，《易傳》的「一陰一陽之謂道」的命題，有助於科學接受陰陽思想。

前面我們談到的發端《易傳》的宇宙秩序原理、方法論原則和科學技術觀，對科學範式的形成所提供的哲學方法論的啟迪，是「隱性」的和「潛移默化」的。易學的形式化程式也直接或間接地影響著傳統科學的形成。

易學卦爻系統對醫學和曆法的影響是明顯的。臟腑經絡學說中由六臟、六腑和六陰經、六陽經所構成的循環系統，表現了六爻系統的形式特徵，是易學形式化系統對醫學影響

的具體表現。易學卦氣說被引為曆法理論基礎的企圖是失敗了，但它作為一種表示系統對曆法的影響卻是長遠的。

考察易學對傳統科學發展作用的一般特徵，最好討論易學對中國傳統科學三次高峰出現的作用。在古希臘科學和近代科學崛起之間的千餘年中，歐洲科學衰退。這期間對科學作出重大貢獻的是阿拉伯人和中國人。自漢代形成中國傳統科學模式以降，中國傳統科學出現三個高峰期。第一個高峰期出現在魏晉南北朝時期，第二高峰期出現在宋元時期，最後一個高峰期為晚明時期。

科學的發展自有其自身的邏輯根源，也依賴自然地理的以及社會的、政治的和文化的條件。促成傳統科學高峰出現的因素是多方面的，易學作為文化條件之一，其影響也是不宜忽視的。

中國易學與傳統科學關係的一般特徵，似乎可以把「實學」看作聯繫兩者的一條紐帶。「實學」並非一種學說或理論體系，而是指同治學態度和學風有關的一種特殊的學術研

---

①有關易學起源的文獻有鄭亦同（1903—1984）的著作《周易探源》（南洋大學出版社，1972年），朱燦生的論文《太極圖來源於月亮運動統計規律的探討》（載《自然雜誌》，第6卷，1983，第4期，第248—249頁），陳久金的論文《陰陽五行八卦起源新說》（載《自然科學史研究》，第5卷，1986，第2期，第97-112頁），鄭軍的著作《太極太玄體系》（中國社會科學出版社，1992年）。

究取向。其核心精神是「實事求是」。自漢班固（32—92）贊獻王劉德「實事求是」至清阮元（1764-1849）將其發展為一種程序化的實證方法，實學思想幾經昇華。

我把它區分為三種形態：強調「實理」的理性實學、注重「實效」功利實學和講求「證據」的實證實學，這三者也大體反映著實學思想的發展階段。①

理性實學興於宋，但其先導已出現在魏晉南北朝的玄學中，玄學家雖不使用「實學」，但他們以理性反對迷信、以簡化取代煩瑣，強調「自然之理」、「棄名任實」的精神，實為理性實學之先河。其「辨名析理」的思維形式，不僅對宋明易學和理學的形成而且對同期的自然科學走向理論化都有很大影響。魏晉南北朝時期的科學成就主要是幾何學，圓周率計算到相當七位小數的程度，遙遙領先於世界。臺灣學者洪萬生認為「非實用性」是此期數學發展的動力②。

《周易》作為「三玄」之一，其影響是不可忽視的。在劉徽的數學思想中我們看到易學的明顯影響。他的《九章算數注・序》把伏羲畫八卦作數學的淵源敘述到他那個時代的數學發展史，以「觀陰陽之割裂，總算數之根源」表達他研究數學的指導思想。如果說這只是文化意識的一種表現，那麼他的「析理以辭，解體用圖」數學方法論綱領，則是對《易傳》象、數、理思想的一種創造性的發展，以理和象（圖）解數。魏晉南北朝時期易學對科學的影響，在劉徽身上我們看到了它的典型表現。

宋代理學家將《大學》的「格物致知」架接在《易傳》

的「窮理盡性」上，提出「格物窮理」的認識論和推理方法。程、朱的「求萬理於外物」補充以陸、王的「求一理於內心」，架構成一輛格物窮理的「雙輪車」。「格物窮理」說在宋、明、清三代不斷演進，其中的科學理性精神的影響也越來越大。宋元科學高峰和晚明科技綜合光彩的出現都得助於理性實學中的科學理性精神。

以易學為骨架的理學在宋代形成，樹立了實學的第一個里程碑。科學理性包含邏輯理性、數學理性和實驗理性三個層次。宋代理學對於前兩種理性的闡發超過以往任何時代，數理科學在宋代的理論轉折和高度發達與此相關。有關「格物」的論述雖然沒達到實驗理性的高度，但《易傳》「仰觀俯察」的觀察精神畢竟有較大的發展。

宋末元初人趙友欽以千支臘燭在二層樓中所進行的大型光學成象實驗不是偶然的。宋代「學」取代「術」也是一個值得注意的歷史現象。不僅出現了人文性的「理學」、「道學」、「易學」等，而且出現了「聲學」、「數學」、「物理之學」和「醫學」等用語。

---

①我對於實學與科學之關係的詳細論述有專門的論文《實學與格致學》，提交給 1992 年 10 月在濟南召開的「國際實學學術討論會」。會議的論文集尚未出版。

②洪萬生：《重視證明的時代──魏晉南北朝時期的科技》，載劉岱總主編：《中國文化新論·科技篇》，聯經出版公司，1982年。

「數學」原被用於指稱邵雍關於數的形上之學，但秦九韶將其與他的研究聯繫起來並賦名其專著為《數學大略》，其向科學的轉義就從此時發生了①。

「物理之學」是邵雍提出的，它的涵義雖非今日之物理學，但在流傳一千幾百年的「物理」二字之後加一個「學」字其意義也是顯然的。北宋博物學家贊寧（919－1002）稱張衡（78－139）發明地動儀為「窮物理之極致」，無疑表明「物理之學」也可以向科學轉化。中國淵源久遠的博物學以程、朱倡導「格物致知」為契機，發展出「格致學」。宋末《格物粗談》的出現是其兆端。接著有朱熹五傳弟子、著名醫學家朱震亨將其一部醫學專著題名《格致餘論》並序稱「古人以醫為吾儒格物致知一事」，莫若為朱世杰的《四元玉鑒》作序又稱數學為「古人格物致知之學」。

南宋功利學派的思想發展至明中葉，與陽明心學的知行合一精神結合，發展成強調事功、實效的功利實學思潮，形成實學的第二個里程碑。這種思潮盛行期，儒學「格物致知」說被空前廣泛地討論。晚明百年之內出現《本草綱目》、《樂律全書》、《農政全書》、《徐霞客遊記》和《天工開物》等五部科學巨著。

中國傳統科技最後這道光彩——科技大綜合與格物學說的傳播有關。明末，基督教傳教士把西方的科學技術傳進中國。《易傳》中的「會通」思想被用為接受西學的指導原則，西學作為中國「格物致知」觀念的有用的延伸而被歡迎，並從而導致中國曆法天文學和數學的短期復興。值得注

意的是，促進「中西會通」的學者多為通易學者和王陽明
（1472-1529）之後學。

　　實學的進一步發展到達它的終點，以西學刺激與文字獄
的威脅在文人身上的扭曲結合為條件，逐漸形成以樸學為特
徵的實證實學。它把實學取向昇華到方法論的高度，成為連
接儒家格致學與近代科學的橋樑。

　　如上所述，易學的確對中國傳統科學的發展有過其積極
的作用。李約瑟認為易學象數系統不但不能刺激自然研究而
且有礙科學的發展②。

　　在易學「會通」思想指導下的「中西會通」不成功表
明，易學的世界觀和學術觀與產生自歐洲的近代科學的哲學
基礎是兩種不同的進路。前面我已經談到兩者之間的「整體
生成論」和「分析重構論」差別。這種差別的一個根基是對

導

論

---

①關於秦九韶著作的題名現有的文獻還難以定論。它的唯一的一
　本數學專著，在流傳中出現過三個名稱：宋陳振孫記《數術大
　略》，宋元周密記《數學大略》，明《永樂大典》本題名《數
　學九章》，明王應麟傳本為《數書九章》。李迪的《數書九章
　源流考》認為《數術大略》和《數學大略》「似乎都正確」，
　但他傾向前者為原題名。

①Joseph Needham, Science and Civitization in China, vol. 2, Canbridge
　University Press, 1958 ,p. 304, 336-337.但是，並非都這樣看。在
　「第五屆中國科技史會議」上，程貞一提交了「The Ching and
　Ch'in Chiu—Shao as Case Study」，董光璧提交了「The Impact of
　the Book of Changes on Ancint Science in China」。

天人關係的不同認識。近代科學的基礎是「天人相分」，而易學所提供的則是「天人合一」，兩者格格不入。因此，以「天人合一」為構架的中國傳統科學不能發展出歐洲那種近代科學，而且試圖將西方科學的內容納入這一構架的「中西會通」也是不能成功的。但這並不表示中國傳統科學不可以有另外的近代化方向。

易學與未來科學

易學與現代科學的關係不同於它與古代科學的關係，也不同於它與近代科學的關係。易學與傳統科學的關係是處在同一個中國文化整體中的兩個部分之間的關係，兩者基本上是如水乳交融的。易學與產生自歐洲的近代科學的關係涉及兩種不同的文化背景。

在東西方兩種文化接觸之後，萊布尼茨以其二進制數學的觀點研究邵雍的易卦符號系統，發現兩者之間的某些一致性。而中國的易學研究學者，如方以智（1611-1528）、江永（1681-1762）、焦循等人也曾為溝通易學與西學作過種種努力，20世紀以來又有人以近代科學的觀點考察易學的底蘊。所有這類工作都屬於解釋學的範疇。也只是在解釋學的意義上發現易學與近代科學的某些相通之處。

易學與近代科學沒有發生過有歷史意義的整體性關係。但源於科學內部的新自然觀和新科學觀卻預兆了易學與現代科學整體相關的美好前景。

　　一些科學家自認為他們的新觀念的發展方向與東方古典哲學基本上是一致的。可以說現代科學重新發現了易學。有如近代之初，科學重新發現在中世紀被忽視的某些古希臘哲學。因此，易學與現代科學的關係著眼於科學的未來。作為前科學的《周易》及其歷史延續的易學，隨著自然科學的現代發展會重新獲得其生命力，不再是僅能供人欣賞的歷史的陳跡。人類知識發展的最奇妙之處就在於它的復歸性。

　　早在 19 世紀末恩格斯（Friedrich Engels, 1820-1895）就曾論及現代科學發展與古希臘科學的關係，倡導自然科學家正確認識古希臘哲學中的辯證自然觀。100 多年後的今天，西方的一些自然科學家把目光轉向與近代科學沒有淵源關係的東方古典，包括《周易》在內的中國古典受到重視。

　　作為上一代科學家的量子力學哥本哈根學派的宗師玻爾（Niels Bohr, 1885-1962）曾以太極圖為互補原理標誌作為其族徽圖案的核心，當今一代粒子物理學家卡普拉（Fritjof carpra, 1936-）又以復卦符號作徽標，這至少反映了現代科學家對古老的《周易》的某種感情。

　　這種情況並非一時的感情衝動。在人與自然關係異化的今天，易學中的那種「究天人之際」的精神，那種理性與價值合一的生態觀，那種整體生成論的方法，對於解決當代人類所面臨的全球性危機，確實能以其歷史的遺惠為未來科學的發展提供啟迪。

　　李約瑟不把中國傳統科學看作一個失敗的原型，它的有機的人文主義精神無助於近代科學的形成，卻有助今天已顯

露頭角的未來科學。1930 年以來，特別是 1980 年以來，想借助易學的某些觀點促進新科學誕生的種種努力，至今尚無一例成功，而且還暴露了不少病科學、醜科學和偽科學意識。但不能因此斷言這種努力永無成功的希望。

回想一下古希臘原子論轉變為科學的原子理論的艱難步履有助於我們理解當前易科學的困境。由德謨克裡特（Demokritos, 前 460－前 370）和盧克萊修（Titus Lucretius Carus, 前 99－前 55）發展起來的原子論，經過整個中世紀的冷落，到 17 世紀才由加桑狄（Pierre Gassendi, 1592－1655）重新提倡而在近代科學中復活。但是，起初由於科學家們囿於古原子論的單質原子概念，兩個世紀都未獲成功。

19 世紀初，道爾頓（John Dalton, 1766－1844）把單質原子的概念改造為元素原子的概念，一舉確立了原子的科學地位，後繼者們發展出原子科學。這個案例證明，愛因斯坦（Albert Einstein, 1879－1955）關於重新創造真理的論斷是極為重要的①。

發展易科學面臨的是「重新創造」真理的任務。重新創造真理需要嚴肅的科學態度，淺薄的比附、無知的狂論、投機的偽造，不僅無濟於事而且損害易學和科學的聲譽。易科學等待著「準備下地獄」的科學勇士去創造。

科學易與易科學

有關易學的科學研究應區別開「以科學治易學」和「以

易學治科學」兩種態度②，前者屬於易學的範疇，後者屬於科學的範疇。在近代以前的歷史中，中國的學問一向把解決「人」的問題放在第一位考慮，作為解決人所面臨的自然環境以及利用厚生等問題的傳統科學技術也不例外。

整個傳統科學在整體文化中只占居輔助角色。中國古代「科學」巨匠少有純科學家，當今被視為科學的論著，除工藝、醫藥、曆算、博物外，大都作為輔助部分散在某些人文著作中。中國少有專門的科學著作，傳統科學是整合在中國整體文化之中的。由於中國傳統科學融化在整體文化之中，使得中國的科學文化與其他文化廣泛溝通。

易學與科學的交迭也反映著中國科學傳統的這種基本狀況。正是因為如此，想要區分古人究竟是「以科學治易學」還是「以易學治科學」時，也就比較困難。

無論是「以科學治易學」還是「以易學治科學」都曾被斥之為「牽強附會」。例如，孟、京借天文律曆發展易學被

①許良英等編的《愛因斯坦文集》，第 1 卷，第 84 頁，商務印書館，1976 年。
②周報《理論信息報》第 231 期（1989 年 12 月 11 日）有李超英以筆名科泛舟寫的一個報導：《莫把相似當相同──董光璧談正確把握易經研究的方向》。這個報導結尾段的第一句「董光璧認為，以科學治經學和以經學治科學都不可取，把一種語言用另一種語言解釋一遍不會得出新內容」，不夠準確，看到過這一報導的讀者請以本文為準。

斥為儒家經學「異端」或「教外別傳」，楊雄創造《太玄》新易系統被斥為「非易」。天文學家劉歆（？-23）和張遂（683-727）把易學卦氣說引為曆法理論基礎的嘗試，數學家秦九韶受筮法的啟示而著「蓍卦發微」都曾被視為「附會」。這類問題都應重新加以研究。

「以科學治易學」作為易學研究的一種方式，它可以隨著科學的發展不斷創新對易學經傳的理解，從而使易學得以發展。卦氣說發展出象數學傳統就是一例。

萊布尼茨對易卦序的二進制解釋，無疑使得這最古老的經典與現代科學銜接起來。「以科學治易學」是保存和發展易學的一種最好的方式，因為科學文化已經成為當今文化中的最先進的部分。但是，它不是唯一的研究方式。易學研究還可以採取其他視角，如哲學的、訓古的、社會學的、文學的、歷史的等等。不同的易學研究不必相互排斥。

同「以科學治易學」相比，「以易學治科學」難度要大得多。因為前者屬於解釋學的範疇，而後者則屬於科學的範疇。解釋學經由理性重構而發掘研究對象中潛在的知識結構，或者說經由「翻譯」手段實現理解。理解並不包含創造新知識的要求，而科學的任務則是創造。所以，「以易學治科學」的目的是，借易學的某種觀念或方法的啟迪進而達到新知識的創造。「以科學治易學」與「以易學治科學」差別是「理解」與「創造」之別。

第一章
易學中的科學原理

　　導論中已經講明易學不是科學。我們說它是前科學，應該更嚴格地說，它包含的自然哲學具有前科學的意義，亦即它具有理性認知的構架及對其所獲知識的評價觀。在現代理解的意義上，我把它們概括為宇宙秩序原理、方法論原則和科學技術觀。

宇宙秩序原理

　　探索現象背後的「秩序」是科學思想的源頭，這在世界各民族都是共通的。希臘文「宇宙」一詞即意為「秩序」。與中文「道」字的含意大體一致。易學繼承了這種「宇宙」含義，並提出了宇宙秩序原理。

　　生成原理、感應原理和循環原理基本上能概括它們。

✖生成原理

　　生成原理主張，大千世界的事事物物都是從一個本原生化而來。這種生成原理在《道德經》中表述為「道生一，一生二，二生三，三生萬物」。在《繫辭上傳》表述為：「易

有太極，是生兩儀，兩儀生四象，四象生八卦，八卦定吉
凶，吉凶成大業」，並且以筮法的操作將其具體化，以體現
自然演化步驟①。

這連續生成的思想發展到北宋形成兩種不同的太極生化
模式：邵雍的先天圖生化模式和周敦頤的太極圖生化模式。
這兩種模式持續影響中國古代傳統學術思想千餘年。

邵雍先天圖生化模式以其先天易卦圖式為基礎，說明從
本原開始的一系列的分叉演生圖象。邵氏的先天圖說重新安
排了八卦方位和六十四卦順序，並繪之為伏羲先天圖。邵氏
建先天卦序的指導原理是：

> 太極既分，兩儀立矣，陽下交於陰，陰上交
> 於陽，四象生矣。陽交於陰，陰交於陽，生天之
> 四象，剛交於柔，柔交於剛，而生地之四象，於
> 是八卦成矣。八卦相錯，然後萬物生焉。故一分
> 為二，二分為四，四分為八，八分為十六，十六
> 分為三十二，三十二分為六十四。故曰分陰分
> 陽，遞用柔剛，易六位而成章也。十分為百，百
> 分為千，千分為萬；猶根之有幹，幹之有枝，枝
> 之有葉；愈大則愈少，愈細則愈繁，合之斯為
> 一，衍之斯為萬。（《皇極經世書‧觀物外篇》）

程顥將邵氏的方法稱之為「加一倍」法，朱熹稱之為
「一分為二」法。朱氏注釋說，伏羲畫卦，仰觀俯察，遠求

近取，其觀、察、求、取的對象就是天地萬物的生化。他以
太極即一理為據說：兩儀未分之時存在的只是一混然的太
極，這太極之中包含著兩儀、四象、八卦和六十四卦之理。
太極分為兩儀，所分之兩儀也各具太極之理。兩儀分為四
象，其所得之四象實為這兩儀的「兩儀」。依此類推，一分
為二地連續「二分」本質上不過是「太極分兩儀」的重演。

　　邵雍創造了數學上合理的易卦衍生次序，朱熹又賦予它
自然事物生化的明確意義，使之成為一個完美的分叉生化模
式。

　　周敦頤太極圖生化模式與邵雍的生化模式不同，周氏的
模式把五行觀念納入其中。周敦頤創「太極圖」並著《太極
圖說》附之於圖。周氏的太極圖是一個五位生化圖式。

　　第一位太極只是一個圓圈，表示無極而太極的本體。第
二位是由中央的一個小圓圈和其外左右黑白對稱的二圈組
成，表示陽動陰靜的圖象。第三位是五行，木火水金在四
維，土居中位，曲線連結成環網。第四位也只是一個圓圈，
注「乾道成男，坤道成女」以象後天八卦。第五位又是一個
圓圈，注「萬物生化」而象萬物。

　　這太極圖生化模式，由太極而有陽動陰靜，繼而有生水
火木金土。木屬陽配春，火屬陽配夏，金屬陰配秋，水屬陰

---

①程貞一：《關於中國對自然步驟的抽象認識》，陳美東等主編
　　《中國科學技術史國際學術討論會論文集》，第 182–191 頁，
　　中國科學技術出版社，1992 年。

配冬，土為沖氣而兼行四氣。這樣水火木金土五行順布，而有四時運行。陰陽五行氣化交合而生萬物，人亦為造化產物，與天地同體而獨秀。這是一個依太極自然之理、本然之妙而不假安排的生化圖式。

朱熹是這兩個生化模型的最有力的闡釋者和推廣者。他說：「太極所說，乃生物之初，陰陽之精，自凝結成兩個，後來方漸漸生去。萬物皆然。如牛羊草木，皆有牝牡，一為陰一為陽。萬物有生之初，亦各自有兩個。」（《醫旨緒餘·太極圖抄引》）

他認為：「凡天下事，一不能化，惟兩而後能化。且如一陰一陽，始能生化萬物。雖是兩個，要之亦是推行乎一爾。」（《侶山堂類辨·辨兩腎》）他的這些闡釋，是在強調生化的陰陽互動機制的普遍性。

以模型方式提供的生化原理，只是形式化的圖象。模型中的元素都是可變的，可因實際現象而作出適當的替代。因此，模型的內容來自其實際應用。其在自然研究中的影響可舉在宇宙論和醫學中的應用為例。

在宇宙論方面朱熹運用太極生化模型提出了一個離心式宇宙起源假說，並依據這一假說力駁曆法家關於天運圖式的右旋說，主張左旋說。他以一氣有陰陽兩種狀態的新觀點，靜為陰而動為陽，闡釋生化的對立勢力，提出「這一氣運行，磨來磨去，磨得急了，便拶許多渣滓；裡面無處出，便形成個地在中央。氣之清者便為天，為日月，為星辰，只在外常周環運轉。地便在中央不動，不是在下。」（《類經圖

翼·運氣》）

這個「地心」宇宙旋渦生成假說，雖不能與 600 年後康德（Immanuel Kant, 1724－1804）的「日心」星雲假說相提並論，但在中國歷史上是空前的，對以往的氣化宇宙補充了一個生成的動力機制。正是以此物理機制為據，他接受了張載（1020－1077）的七曜左旋說。他說：「天道與日月皆是左旋。天道日一周天而常過一度、日亦一周天，起度端，終度端，故比天道不及一度。月行不及十三度四分之一。今人卻云月行速、日行遲，此錯說也。」（《醫旨緒餘·命門圖說》）

有學者評論說，朱熹的左旋說是落後的觀點，他的學生廣泛傳播其這一觀點產生了不好的影響。這是不公正的。兩者都是基於運動的相對性解釋天體的視運動，雖然在解釋現象方面左旋說不如右旋說①，但從兩個假說在各自理論體系中的自洽性看，左旋說是優越的。

曆法家的右旋說主張，七曜如磨盤上的螞蟻隨天左旋的同時在磨盤上右行，除此比喻沒有任何物理根據支持。而左旋說在張載那裡，雖言天地七曜都順氣左旋，以七曜順遲來解釋所見為右旋，但只停留在運動學水平而未及動力學。朱熹則是從宇宙形成的動力學機制，闡明所有天體物理運動方向的一致並對視運動作出解釋的。

在醫學領域，太極圖生化模式有力地推動了命門學說的

---

①參見阮元《疇人專傳》「王錫闡」。

發展。「命門」概念最早見於《黃帝內經》，但《難經》才有明確的規定：是右腎，藏精繫胞，為原氣之別使。宋以降，受理學太極說影響，新命門說紛出。趙獻可（1573－1644）假定命門在兩腎之間，「乃一身之太極，無形可見」（《醫貫・內經十二言論》）。

張介賓（1562－1639）假定命門在兩腎之中，作為人身之太極，由太極以生兩儀，而水火具焉，消長繫焉，「故為受生之初，為性命之本」（《類經圖翼・求正錄》）。

孫一奎假定命門為兩腎間的動氣，非水非火，「乃造化之樞紐，陰陽之根蒂，即先天太極，五行由此而生，臟腑以繼而成」（《醫旨緒餘・命門說》）。

這些不同的命門說，都是以太極圖生化模式為指導的。諸命門說的提倡者，根據太極生陰陽、化五行、育萬物的原理，尋找和闡明人身之太極，以理解生命活動的根本。之所以有許多不同的命門說被提出，正表明生化模型作為形式化原理的功能。但不論取何命門說，其生陰陽、化五行的基本模式是不變的。

✖感應原理

感應原理主張事物以氣為仲介相互關聯，基本規則是同類相感。荀子的「水火有氣而無生，草木有生而無知，禽獸有知而無義，人有氣、有生、有知且有義，故為天下貴也」（《荀子・王制》）的四級分類法，認為世界上一切事物都含有氣，為建立以氣為仲介的關聯原理提供了基礎。《易

傳》最早提出氣的感應觀念。

《彖辭傳・咸卦》有「二氣感應以相與……天地感而萬物化生……觀其所感，而天下萬物之情可見矣」，《文言傳・乾文言》提出「同聲相應，同氣相求……各從其類」，而《繫辭上傳》則給出「感而遂通天下之故」的概括。這是感應原理的最初表達形式。

《呂氏春秋》和《淮南子》進一步將感應原理具體化。《呂氏春秋・應同》說：「類固相召，氣同則合，聲比則應，鼓宮而宮動，鼓角而角動。平地注水，水流濕。均薪施火，火就燥。山云草莽，水云魚鱗，旱云煙火，雨云水波，無不皆其所生以示人。故此龍致雨，以形逐影。」

《淮南子・覽冥訓》將《呂氏春秋》的「類固相召，氣同則合」發展為「陰陽同氣相動」，認為「若夫以火能焦木也，因使銷金，則道行矣。若以慈石之能連鐵也，而求其引互，則難矣。物故不可以輕重論也。夫陽燧之取火於日，慈石之引鐵，蟹之敗漆，葵之鄉日，雖有明智，弗能然也。故以智為治者，難以持國，唯通於太和而持自然之應者，為能有之。」

董仲舒（前 179－前 104）的《春秋繁露・同類相動》對感應原理作了系統的論述。為理解古人之思路，不予加減而照錄如下：

> 今平地注水，去燥就濕；均薪施水，去濕就
> 燥；百物去其所異，而從其所與同。故同氣則

會，聲比則應，其驗皎然也。試調琴瑟而錯之，鼓其宮，則他宮應之，鼓其商，則他商應之，五音比而自鳴，非有神，其數然也。美事召美類，惡事召惡類，類之相應而起也，如馬鳴則馬應之，牛鳴則牛應之。帝王之將興也，其美祥亦先見，其將亡也，妖孽亦先見，物故以類相召也，故以龍致雨，以扇逐暑，軍之所處，以給棘楚，美惡皆有從來以為命，莫知其所處。天將陰雨，人之病故為之先動，是陰相應而起也；天將欲陰雨，又使人欲睡臥者，陰氣也；有尤者，亦使人臥者，是陰相求也；有喜者，使人不欲臥者，是陽相索也；水得夜，益長數分；東風而酒湛溢；病者至夜，而疾益甚；雞至幾明，皆鳴而相薄，其氣益精；故陽益陽，而陰益陰，陰陽之氣可以類相益損也。天有陰陽，人亦有陰陽，天地之陰氣起，而人之陰氣應之而起；人之陰氣起，天地之陰氣亦宜應之而起，其道一也。明於此者，欲致雨，則動陰以起陰，欲止雨，則動陽以起陽，故致雨，非神也，而疑於神者，其理微妙也。非獨陰陽之氣可以類進退也，雖不祥禍福所從生攣由是也，無非已先起之，而物以類應之而動者也。故琴瑟報，彈其宮，他宮自鳴而應之，此物之以類動者也，其動以聲而無形，人不見其動之形，則謂之自鳴也；又相動無形，則謂之自然，

其實非自然也，有使之然者矣，物固有實使之，
其使之無形。《尚書》傳言：「周將興之時，有
大赤鳥銜穀之種，而集王屋之上者，武王喜，諸
大臣皆喜。周公曰：茂哉！茂哉！」天之見此以
勸之也。恐恃之。

　　以上所錄，無論是《呂氏春秋·應同》的「類固相召，
氣同則合」，還是《淮南子·覽冥訓》的「陰陽同氣相
動」，特別是《春秋繁露·同類相動》的「美事召美類，惡
事召惡類」和「陰陽之氣可以類相益損」。雖然是以自然物
「召類」現象立「感應」原理，但其主旨則是以此原理為據
論說天與人的關係，把災祥之降說成是由於氣的傳遞對人事
作出的反應。這種思想隨著董仲舒的儒學理論成為官方意識
形態而產生廣泛的影響。

　　如西漢末大臣王音說：「天地之氣，以類相應，譴告人
君，甚微而著。」（《因雉雊上言》）翼奉說：「人氣內
逆，則感動天地。天變見於星氣日蝕，地變見於奇物震
動。」（《因災異應詔上封事》）此謂「天人感應」論。

　　至東漢，王充（27？－97）把感應論從「天人感應」論
扭轉向「自然感應」論，使感應原理成為自然研究的一條指
導原理。

　　王充認真研究了許多被稱為天降災異的現象，如日月
食、雷電等，認為都是有規律可循的自然現象。並非天對人
作出的反應。在批評天人感應論的過程中他發展了自然感應

原理，提出氣的感應是一種力，感應有主有從，感應的強弱
與距離有關。他主張「天地，含氣之自然也」（《論衡・談
天》、「天地合氣，萬物自生，猶夫婦合氣，子自生矣」
（《論衡・自然》），強調「同類通氣，性相感動」（《論
衡・偶會》）。

　　然而他認為，天人之間的感應同物與物的感應道理同
一，但因感應原則是大能動小而小不能動大，且近者強烈而
遠者微弱，天能影響人但人不能影響天。雖然王充的自然感
應論把「象類」列入可感應的對象，而失其科學性。如在
《論衡・亂龍》中，他把土龍致雨、孟嘗客為雞鳴以開秦
關、木囚判罪正否、禹鑄金鼎入山林以避凶殃、慈石跡象亦
能掇芥、葉公畫龍致真龍、悟司之事、門神桃人、魯班木鳶
似鳥翔、木魚餌魚、匈奴畏郅都木像、涕泣圖畫之母、孔門
弟子拜貌像孔子若真等十五事，以人偽致真的「象類」感應
效驗論，實為感應原理泛用之表現。但是，氣論的自然感應
論在中國傳統的「物理之學」中仍得以運用和發展。

　　由感應原理解釋電磁現象有一串歷史記載。《淮南子・
覽冥訓》記「慈石引鐵」作為「覽觀幽冥變化之端，至精感
天通達無極」之例，並未對此予以解釋。王充論「司南之
杓，投之於地，其柢指南」（《論衡・是應》），始對磁現
象作出感應論的解釋：「頓牟掇介，磁石引針，皆以其真
是，不假他類；他類肖似，不能掇取者，何也？氣性異殊，
不能相感動也。」（《論衡・亂龍》）

　　自漢代發現指南杓的指向性以後，經改進而於 7～8 世

紀出現了指南針。《太平御覽》卷九四九明確記載有指向用的「懸針」，以絲線懸吊磁針。在沈括（1031－1095）的《夢溪筆談》中記載了四種結構的磁針羅盤。《宋史》卷二〇六附載的《一行地理經》記載唐代張遂已發現磁北極偏 2 度多，《夢溪筆談》也有記載。

　　12 世紀的寇宗奭在《本草衍義》中還對磁偏角提出一種感應論的解釋，認為磁針常偏向羅盤之丙位是因為丙屬火而辛屬金，金屬針本應偏辛位，但丙火剋金而使生偏差。18 世紀的范宜賓在其《羅經精一解》中，按伏羲卦的陽趨左而陰趨右之說，提出南方有隨陽上升的影響使其偏左，而北方有隨陰下降的影響使其偏右，這也屬感應論的一種解釋。

　　潮汐現象的解釋問題，亦成為感應原理的用武之地。王充首先注意到潮汐與月亮盈虧的關聯，「隨月盛衰，小大滿損不齊同」（《論衡‧書虛》）。

　　唐代的封演《封氏聞見記》有《說潮》專篇，認為「月，陰精也，水陰氣也。潛相感致，體於盈縮也」。而封演稍後的竇叔蒙也著《海濤志》，其論以月為陰類宗主和海是水之家，陰與陰感動而有海濤起。後盧肇著《海潮賦》，他雖承認月與水的同類感召，但認為海濤起因於太陽夜間入海的水火相激、陰陽相蕩，月亮的作用在於通過其與日的會合、分離的影響調節海濤的大小。

　　五代時的邱光庭則以大地吐納陰陽二氣而升降為基礎，認為朔望日陰陽交會，地吐氣多並下沉而起大潮，因先感後應的時間差而導致大潮不恰在朔望日。

　　宋代學者多襲邱氏潮汐說，反駁盧氏說。元末史伯璇作《管窺外編》，在論及海潮時，以月距地面遙遠，「水無從月之理」，懷疑潮水漲落起因於月水感應。就感應原理運用於潮汐研究之紛爭，足見科學化之不易。

　　在傳統醫學領域，感應原理被強調到不適當的程度。把人體看作個小天地，在天與人之間作出種種牽強的比附，以尋找氣的作用。在傳統中醫學理論中，人體的生理、病理以及診治和預防原則，都是以氣的仲介作用為基礎的。天氣變化影響人體生理活動，天氣過分是致病的原因，診斷是候人體之氣，藥物的作用是由於它在體內氣化而沿經脈傳遞，針灸的作用在於刺激氣穴。感應原理在醫學中的運用最有意義之處，或許是原始時間醫學觀念的形成。

　　中醫學依據天人節律的統一性，推論並研究了人身體的年節律、月節律、日節律，甚至還有「超年節律」，作為診斷、治療的一種依據。

✖ 循環原理

　　循環原理主張一切自然過程都是終而返始的。它是中國先哲們對自然界的種種周期運動現象的一種概括，並在陰陽概念的基礎上將其提升為宇宙秩序的一個原理。最初見於《老子》，《易傳》進一步將其模式化。

　　在《老子》那裡，循環作為道的一種規律，「有物混成，先天地生；寂兮寥兮，獨立而不改，周行而不殆，可以為天下母；吾不知其名，字之曰道。」（《老子》第二十五

章），以「道曰大，曰逝，曰遠，曰反」來刻畫其循環過程的特徵。《易經》的八卦和六十四卦是以陰爻（--）和陽爻（一）兩種符號組成兩種基本循環模式。《周易》的經、傳之文用「無往不復」、「原始反終」、「往來無窮」諸語強調循環思想。

《繫辭上傳》說：「聖人設卦觀象，繫辭焉而明吉凶，剛柔相推而生變化。是故，吉凶者得失之象也。悔吝者，優虞之象也。變化者，進退之象也。剛柔者，晝夜之象也。六爻動三極之道也。」

歷代鴻儒無不崇尚循環原理。荀子說：「始則終，終則始，若環之無端，舍是而天下以衰矣……始則終，終則始，與天地同理。」（《荀子‧王制》）

劉禹錫說：「法為清母，重為輕始。兩位既儀，還相為庸。噓為雨露，噫為雷風。乘氣而生，群分匯從。……紀綱或壞，復歸其始。」（《天論》下）

邵雍說：「萬物皆反生，陰生陽，陽生陰，陰復生陽，陽復生陰，是以循環無窮也。」（《皇極經世書‧觀物外篇》）

朱熹說：「動靜無端，陰陽無始；說道有，有無底在前，說道無有有底在前，是循環物事。」（《朱子語類》卷九十四）

羅欽順說：「通天地，亙古今，無非一氣而已。氣本一也，而一動一靜，一往一來，一闔一辟，一升一降，循環無已。」（《困知記》）

　　黃宗羲說：「大化之流行，只一氣充周無間……循環無端，所謂生生之為易也。」（《黃梨洲文集・與友人論學書》）

　　「循環」作為研究工作的指導原理對中國學術思想的影響是複雜而又深遠的。在科技方面，古代學者以循環原理為指導對自然界中種種周期現象的觀察和利用碩果累累。

　　如對日月和行星視運動周期的精確觀測以及協調這些周期而編制種種曆法，又如依據循環原理所獲得的關於人體經絡和血氣循行環路，再如受循環原理啟迪而沿五運六氣說確定的中原地區氣候變遷的 60 年大周期，還有農業生產中的輪作制等，諸如此類的自然科學領域內的諸成就，多為現代學者所認同。

　　但鄒衍的「五德終始」和董仲舒的「三統」王朝更替說，以及邵雍的歷史循環論，因與歷史進化觀相背而遭現代學者唾棄。但現代學者從數學以及透過當代最新科學成果的印證，發現了以陰陽為基礎的五行循環結構的系統意義。

　　當代美國學者卡普拉的見解具有代表性。他在其著作《轉折點》（1982 年）中說：

　　　　中國人引進極性相反的陰和陽，給這一循環
　　　思想一個明確的結構，用兩極規定變化的循環：
　　　陽極生陰，陰極生陽。……自然的和生命的現象
　　　都具有相反的兩極形相。它們不屬於不同的類，
　　　而是屬於單一整體的極端。……沒有什麼事物只

是陰或只是陽。一切自然現象都是兩極之間的一個連續振蕩的顯示，一切轉化都逐漸並且在一個完整的過程中發生。自然秩序是陰陽之間的動態平衡過程。

　　對於陰陽符號，中國人使用了一個「五行」系統……「行」意味著「行為」或「做」，並且與木、火、土、金和水相聯繫的五個概念，表示在一個很明確的循環秩序中相繼並且相互影響的量……中國人從「五行」導出一個延擴到整個宇宙的相似系統。感官、天氣、顏色、聲音、身體部位、感情的狀態、社會關係以及各種各樣的現象都被分為與「五行」相應的五種類型。當「五行」理論與陰陽循環一起運用時，結果是一個精巧的系統，其中宇宙的每個方面都被描述為一個動態圖象整體的一部分。

　　以上述卡普拉的論述代替我們對五行循環系統的描述，意在顯示中西學者的共識。對卡普拉的論述還需補充的是，可以數學地證明，以生剋兩種循環構成的五行系統，是最簡單的穩定系統。

　　循環原理的哲學意義在於它可以解決進化和退化的矛盾。19世紀中葉，生物學和物理學分別提出了各自的自然演化理論。生物進化論依據生物表型的比較研究，論證物種演化的總趨勢是由簡單到複雜的方向發展，並且推廣這一結

論，認為自然界的發展是從無機到有機，從無生命到有生命。而人文學者又接過生物進化論，把它轉變為有科學支持的社會進化論，認為自然界發展出生命後的重大進化是由動物發展出人類，人類的發展形成不斷進步的社會。

但是，物理學提供的理論卻恰恰相反，根據對熱現象的研究，孤立系統的演化趨勢是達到熵極大的平衡狀態，把這種演化論推下去得出，按照一切運動都最後耗散為熱，那麼整個宇宙將最終達到熵極大的熱死狀態。

生物進化論為人類提供了一個樂觀的前景，而熱力學的熵原理則預言了一個人類的末日。面對這種矛盾，有兩種解決問題的途徑：一個是審查局部科學原理運用於整個宇宙的合理性，另一個是借用循環論消解矛盾。

恩格斯既否認熵原理對宇宙的適用性，又提出宇宙大循環假說克服這種悲觀的宇宙熱寂說。他假定放射到太空中的熱一定會通過某種途徑轉變為另一種形式，使已死的太陽重新轉化為熾熱的星雲，進而開始新的進化，直至出現智慧的花朵。而朱熹的宇宙循環假說卻是恩格斯宇宙大循環假說的前驅。人們非常熟悉朱熹的以氣論為基礎的「離心宇宙模型」，鮮知他的太極循環說。

朱熹的「太極」概念有三義：就理的層面說，太極為至理；就數的層面說，太極為數之源，即大衍之數五十或去一不用之「一」；就萬物總根源層面說，太極為造化之樞紐。他認為「太極分開，只是兩陰陽，括盡了天下事物」，這陰陽統體的太極概念是他的宇宙循環說的基礎。他把周敦頤的

「無極而太極」的一次生成圖試，改造成太極生滅的循環：「太極之前有太極」；混沌開光明生，「光明之前是黑暗，黑暗之前有光明」；宇宙就太極生滅、明暗交替的無盡之循環。在《朱子語類》中記載了朱熹的這些思想。

從科學的層面看，宇宙循環假說是有意義的嗎？只要想一想我們的科學原理至今只有物質之間的轉化和守恆、能量之間的轉化和守恆，只要物質和能量的種類是有限的，終歸要被耗盡而達終點；只有宇宙大循環原理在物質和能量有限的條件下才有「回天」之力。

自然科學要尋找各種循環原理，克服物質、能量乃至信息的耗盡危機，給人類以樂觀的科學根據。這種宇宙大循環是科學上可能的嗎？現代宇宙學中的尚不成熟的負質量概念，為建立宇宙大循環的科學圖式提供了一條有用的線索。

假定宇宙中只存在具有正質量和負質量的兩種物質，它們分別只具有引力和斥力，就可以在不違反動量守恆、能量守恆，並且在與廣義相對論相容的條件下，提供物質自己運動和冷的星球重新熾熱的物理機制，為科學的宇宙循環圖象的建立提供線索。由此看來，循環原理可能在現代科學中獲得新的生命力。

方法論原則

易學中沒有明確的「方法」概念，但《繫辭上傳》第十一章有方法之意味：「蓍之德圓而神，卦之德方以知……神

以知來，知以藏往……明於天之道，而察於民之故……見乃謂之象，形乃謂之器，制而用之謂之法……」荀爽注釋說：「觀象於天，觀形於地，制而用之可以為法。」孔穎達注釋說：「言聖人裁制其物而施用之垂為模範。」

如果我們不完全拘守詞義，還是可以發現易學中有關獲取知識的方法論原理的，從對傳統科學影響考察，我們將其歸納為三論：象數論、比類論和實驗論。

✖ 象數論

象數論主張以符號系統及其內蘊的數學規則，表徵事物的變化和關聯。以陰爻（--）和陽爻（—）兩個符號組合而成的「八卦」和「六十四卦」符號系統及其以自然數奇偶性為基礎的數字學，作為象數由歷代易學家持續不斷的研究而被發展，其神秘的魅力之所以經久不衰，在於人類對於符號的追求。

《易》之為書的基礎是先人創造的八卦和六十四卦符號系統。卦爻辭是作為占驗記錄而繫之於卦象符號的。當《易傳》的作者們借這本占筮書闡釋某些哲理時，並沒有貶低卦象符號的作用和意義，主張「立象以盡意，設卦以盡情偽」（《繫辭上傳》）。他們明確地規定了八卦符號的基本象徵意義，給出六十四卦序的類因果說明、提出關於發明和發現程序的「製器尚象」觀。

六十四卦三百八十四爻這一特殊的符號系統，其組合變換能給人以無窮的想像餘地，為表徵複雜系統的巨大信息量

提供了可用的形式。僅就這種形式系統的變換的複雜程度說，現代科學中的任何一個符號系統都是望塵莫及的。因此，歷代都有一批易學家力圖將其發展為容納社會、人生和自然的包羅萬象的象數宇宙圖式。

漢代易學中形成象數派，至宋代又分裂為數學派和象學派，到元明時期形成易圖學。在以象數原理為指導思想的易學這一支派的發展歷史中，易學與科學的互動最為明顯。一方面，易學吸收科學知識解易；另一方面，科學則以象數觀構建科學理論；同時易學象數研究本身的一部分屬於名副其實的科學——原始組合科學。

就天文學說，漢代興起的卦氣說是以曆法成就為其科學基礎的；而卦氣說由於劉歆的提倡，曾成為張衡和張遂等天文學家探討曆理的出發點。雖然以易衍曆的企圖未成功，但易卦作為曆法表示系統卻沿用千餘年之久。而且以象數為媒介的曆律融通思想，不但形成曆律合帙數代的歷史事實，而且推動著京房等人探索滿足旋宮轉調的音律系統，啟迪明代數學家、音律家朱載堉（1536-1610）創建十二平均率。

就數學來說，易學吸收數學知識解易，雖未造成有如卦氣說那樣的效果，清代理學家李光地（1642-1718）以勾股解河洛圖，清代經學家焦循（1763-1820）以代數比例和二項式定理解易，也都不無新意。

易學關於數的形上討論，把古人對數的研究引向數術和數學兩種不同的進路。劉徽以來一些古代數學家把河圖洛書看作數學的遠源，無疑是對易學形象觀的某種認同。秦九韶

發現大衍筮法的同餘結構並進而發明作為一次同餘式求解程序的「大衍求一術」是數學史上的一個奇蹟。

沿象數思想的一系列有關易圖的研討，相當一部分屬於組合數學的範疇。其中最引人注意的是從九宮數開始的河洛理數研討導致縱橫圖的研究。

揚雄《太玄》符號系的三進制數表的含義和邵雍易圖的二進制數表的含義今已成為定論。而易學中的「飛伏」說、「復變」說、「錯綜」說作為符號分類原理，各種「卦變」說作為符號生成法則，諸多卦序說作為符號排序規則，諸如此類的象數學說的數學意義愈來愈明朗。

「立象以盡意，設卦以盡情偽」的象數原理的本質在於，它是一種符號原理。這一原理的提出以及象數符號系統的長足發展，反映了中華民族對於抽象符號的能力和興趣。被譽為近代科學之父的伽利略（Galileo Galilei, 1564–1642）曾說過，哲學是寫在宇宙大書中的，雖然這本書時時刻刻向我們打開著，但是除非人們先學會書裡所用的語言，掌握書裡的符號，否則不可能理解這本書。

他說自然之書是用數學語言寫的，符號是三角形、圓形和別的幾何圖形，沒有這些符號，人類連一個字也不會認識，人們仍將在黑暗的迷宮中徘徊。

德國哲學家卡西勒（Ernst Cassirer, 1874–1945）進一步在符號創造了人類的意義上崇尚符號的功能：「對於理解人類文化生活形式的豐富性和多樣性來說，理解是很不充分的名稱。但是，所有這些文化形式都是符號的形式。因此，我們

應當把人定義為符號的動物來取代把人定義為理性的動物。只有這樣，我們才能指明人類的獨特之處，也才能理解對人開放的新路——通向文化之路。」（《論人》）

但是，創造世界最古老符號系統的中國人，卻沒能借助象數原理和象數符號系統創造出適於近代科學的符號系統。這給中西文化比較研究留下一個歷史疑難。

✖比類論

比類論是一種以功能模型為參照對事物進行分類和類比推理的理論，源於《易傳》，在對於自然現象的研究中被廣泛應用並發展，形成由據象歸類、取象比類和運數比類為構架的系統性的方法論。

一般說來，《周易》是象、數、義、理統一的一種極特殊的理論體系。《周易》中的「象」所指，既是事物的外在形象更意味著一種象徵，在大多數場合它意指經驗的形象化和象徵化，或者說是模型。規定著經驗形象和象徵符號關係的是「數」。「義」是象徵在數的關係中所呈現的意義及其凝結成的概念。意義和概念進一步發揮為命題和判斷並系統化，便形成為「理」。比類論就是這種象、數、義、理統一的構架下的一種方法論。

據象歸類 在中國歷史上，作為具有相同屬性的事物之匯集的「類」的概念，有較長的演變歷程。在商周時期「類」這個詞是作為祭名出現的，如《尚書·堯典》中「肆類上帝，禋於六宗」。後又轉義為善，如《周書》中「言行

不類，始終於悖」。至春秋時期開始向邏輯範疇轉變，如《左傳》中「非我族類，其心必異」和《國語》「物象天地，比類百則」。在《墨子》這部著作有關邏輯的論述中，「類」與「故」和「理」形成三個基本範疇。《易傳》把卦爻系統所蘊含的分類思想明確陳述出來。

《繫辭》中開宗明義：「天尊地卑，乾坤定矣，卑高以陳，貴賤位矣。動靜有常，剛柔斷矣。方以類聚，物以群分，吉凶生矣。在天成象，在地成形，變化具矣。是故剛柔相濟，八卦相盪。」卦爻系統是表達「類聚」、「群分」的符號系統。這種符號系統是據象歸類的模型。若聯繫《繫辭下傳》的「《易》者，象也。象也者，像也。」和「爻也者，效此者也。象也者，像此者也。」理解，卦爻符號的模型意義顯然是清楚的。《說卦傳》關於八卦象的論說，是據象歸類的一種示範。

《易傳》之後，孟子倡「知類」（《孟子·告子》），荀子論「統類」（《荀子·儒效》），分類思想愈明。秦漢時期，五行學說被吸收到易學中以後，陰陽、五行和易卦成為據象歸類的基本參照模型。因為陰陽消長、五行傳變、八卦相盪，這種參照模型是動態的。這種功能性的動態參照模型，在建立中醫經絡和臟象理論過程中曾起過重要作用。這種據相歸類思想，在邵雍手裡發展為陰陽剛柔、日月星辰、水火土石、草木走飛等的「四元」分類法，在江永手裡形成「河圖為物理根源圖」。

取象比類　「比類」一詞雖早出《國語》，但作為一種

推理方法陳述出。在《黃帝內經》：「善為脈者，必以比類奇恆，從容知之。」「不知比類，足以自亂，不足以自明。」（《素問·示從容論》）

《內經》提出兩種具體的比類方法：「別異比類」和「援物比類」，後人概稱之為「取象比類」。《素問·五藏生成論》論說「脈之小、大，滑、澀，浮、沉，可以指別；五藏之象，可以類推」；《素問·疏五過》復言「別異比類，猶未能以十全」。「別異比類」方法可依脈象辨五臟是否正常，並非十全十美。《素問·示從容論》倡導「夫聖人之治病，循法守度，援物比類，化之冥冥」，即從遠緣事物中尋找相通之處，以作類比推演。

中醫學以六爻系統為參照模型建立六臟六經循環系統和以五行系統為參照模型建立臟象體系，是「取象比類」方法早期應用之典型。

後世張介賓又發展出以卦爻系統為參照模型類推病情演變，即「以卦象測病情」（《類經附翼·醫易》）。

歷代儒學大師發揮《易傳》「古者包犧氏之王天下也，仰則觀象於天，俯則觀法於地，觀鳥獸之文，與地之宜，近取諸身，遠取諸物，於是始作八卦，以通神明之德，以類萬物之情」和「引而申之，觸類而長之，天下之能事畢矣」（《繫辭下傳》）的思想，完善了「比類」理論。

荀子強調「以類行雜，以一行萬」（《王制篇》）、「以類度類」（《非相篇》）、「推類而不悖」（《正名篇》）等。董仲舒提出「以比貫類」（《春秋繁露·玉杯

篇》）。程頤（1033–1107）賦予「格物致知」以演繹推理的含義，主張「格物窮理，非是要盡窮天下之物，但於一事上窮盡，其他可以類推」（《遺書》卷十五）。朱熹把類推看作是「從上面做下來」的演繹和「從下面做上去」的歸納的結合。王夫之（1619–1692）提出「比類相關」的推理方法：「或始同而終異，或始異而終同，比類相關，乃知此物所以成彼物之利」（《張子正蒙注》）。

在儒學比類論發展的過程中，「比類」的推理方法在自然研究中得到廣泛的應用。沈括創立垛積術，宋應星（1587–約1666）提出聲波說，是「比類」方法成功應用的典型。在傳統醫學中有成功的應用，也有索強的比附。

漢代的「分野」說，顯然也是「比類」的一種「成果」，但很難說它有什麼科學價值。諸多不成功，一方面是由於應用者失慎，卻忘了「類不可必推」（《淮南子·說林訓》）；另一方面是比類論本身的不完善，諸如「相似缺補」、「相似歸併」、「漸近歸併」等類比推理形式尚沒有概念清晰的區分。

運數比類　象與數的關係是運數比類的根據。《易傳》「極其數，遂定天下之象」（《繫辭上傳》）和「極數知來之謂占」（《繫辭上傳》）原本為論占筮，但在數學家手裡卻可沿數與形（象）的關係衍生出運數比類的推理方法。這種方法成功的應用，又加深了學者對象與數關係的認識。

《周髀算經》立圭表觀日影，依勾股定理推斷日地距離，據圓周率測量日月周天行度。今天的中學生都懂得其中

的道理，並能成功地操作。但是，在中國歷史上，它是「運數比類」推理方法的科學示範。趙爽（3世紀人）注《周髀》而援《易傳》論「知道」說：「引而申之，觸類而長之，天下之能事矣，故謂之知道也。」「運數比類」推理方法在發展科學中的作用，劉徽的數學研究提供了又一範例，下面予以稍詳的介紹，以此示明它的基本精神和意義。

劉徽在其《九章算數注》中，明確闡述了類推作為數學研究方法的意義。他在序言中說：「事類相推，各有攸歸，故枝條雖分而同杆者，知發其一端而已。」序言的結尾則直接引《易傳》語作總結：「觸類而長之，則雖幽遐詭，靡所不入。博物君子，詳而覽焉。」若想了解其如何借助比類方法獲得豐碩科學成果，莫過看他對「率」的概念的闡述及其運用。劉徽注《九章算術》，實質上是以「率」的概念為基礎，重構其理論體系。我們似可把劉徽的數學成就稱為「率論」。

劉徽對「率」給予明確的定義：「凡數相與者謂之率。率者，自相與通。有分則可散，分重疊則可約也。等除法實，相與率也。」（《九章算術注・方田十八》）這裡的「相與」即相關，「通」即相通，「分」指分數，「散」指散分，「約」指約分，「法」為除數，「實」為被除數。

這個定義是說，具有分數關係的數可稱之率。也就是說，劉徽以相比關係定義了「率」。但必須注意，古算中率的概念不意指兩個數的比值，而是著眼可比關係。如圓的周長與其直徑相關，故而可稱「周率」和「徑率」。至此，我

們已初步領略了劉徽「率」的概念中的「比類」意義。

劉徽的率論有兩個基本法則，即齊同術和今有術。齊同術即通分法，今有術即四項比例算法。他以率的概念重建齊同理論，是以數的分類為出發點的。他說：「方以類聚，物以群分。數同類者無遠，數異類者無近。遠而通體者，雖異位而相同也；近而殊形者，雖同列而相違也。」（《九章算術注·方田九》）

這裡劉徽援《易傳》類聚群分觀說明同類數方可比較和運算的道理。對於分數來說，「同者，相與通同，共一母也」，即分母相同的分數可以視為同類數。所以，齊同方法的實質就是化異類為同類，變相違為相通的數量變形方法，將錯互不通之率轉變為相通之率。關於今有術，劉徽的注釋在比類的意義上擴大其方法論的地位。他說：「此都術也。凡九數以為篇名，可以廣施諸率，所謂告往而知來，舉一隅而三隅反者也。誠能分詭數之紛雜，通彼此之否塞，因物成率，審辨名分，平其偏頗，齊其參差，則終無不歸於此術也。」（《九章算術注·粟米》）

強調著眼於尋找事物間的比率關係，推廣而用之。他把今有術視為率論通向應用的橋樑。

在率的概念基礎，劉徽把齊同術和今有術改造成解決數學問題的通法。他把《九章算術》中的分數、衰分、均輸、盈不足、方程等諸多程式，都當作一組率或幾組率的組合，把一切數學演算都最終歸結為「乘以散之，約以聚之，齊同以通之」三種基本演算。

劉徽不僅以其率論重建了《九章算術》的理論體系，奠定了不同於西方的中國數學體系的代數特徵，而且他還以率論為指導首創「割圓求」和「重差術」。運數比類方法在數學研究中發揮了它的巨大效用。

✖ 實驗論

實驗論為《易傳》中「仰觀俯察」思想所衍生，從「觀察」進到「效驗」、「測驗」、「試驗」、「質測」、「實測」等概念並發展而成的一種科學方法論，主張以實事檢驗假說，由實踐獲取真知識，憑實證確認理論。

「實驗」一詞源出於王充的《論衡‧亂龍篇》。該篇借董仲舒「土龍招雨」說事，列舉十五種象類效驗，論述「氣類相感」自然之理。其中說到：「此尚因緣昔書，不見實驗。」「實」者，真也；「驗」者，證也。在中國思想史上，王充的「效驗」說、沈括的「測驗」說、宋應星的「試驗」說、方以智的「質測」說、嚴復的「實測」說，相襲遞進而形成自然科學的實驗方法論。

效驗 以直接或間接的經驗事實，推定論事真偽的一種方法。在中國傳統科技和思維發展的基礎上，王充明確提出「凡論事者，違實不引效驗，則雖甘義繁說，眾不見信」（《論衡‧知實篇》）和「事莫明於有效，論莫定於有證」（《論衡‧薄葬篇》）的方法論觀點及命題。在其《論衡‧雷虛篇》中，他以五種效驗辨偽「推人道以論之」的雷為「天怒」的妄說，論證他自己提出的「雷火」說：

何以為驗之？雷者火也。以人中雷而死，即詢其身，中頭則鬚髮燒焦，中身則皮膚灼爛，臨其尸上聞火氣，一驗也。道術之家，以為雷燒石色赤，投於井中，石焦井寒，激聲犬鳴，若雷之狀，二驗也。人傷於寒，寒氣直腹，腹中素溫，溫寒分爭，激氣雷鳴，三驗也。當雷之時，電光時見，大若火之耀，四驗也。當雷之擊，時或燔人室屋及地草木，五驗也。夫論雷之為火有五驗，言雷天怒無一效。然則雷為天怒，虛妄之言。

此段為王充對其雷火假說的論證。此種論證的實質在於，以經驗事實驗證假說，以雷之聲、光和灼燒如火為驗，支持其雷火說。此例論證雖不嚴密，如以腹鳴類比雷聲，終可為「效驗」說之一論證典範。

測驗　「驗」的概念加一「測」字，把「效驗」說又向前推進一步，增加了操作和數量的內涵。

雖然漢武帝時編製太初曆的天文學家們就提出「曆本之驗在於天」（《漢書・律曆志》），南北朝時祖沖之（429—500）也曾論說「唐篇夏典，莫不揆量，周正漢朔，咸加核驗」及「夫甄耀測象者，必料分析度，考往驗來，準以實見」（《宋書・律曆志》），但直待宋代才有沈括明確提出科學的「測驗」概念：

前世修曆，多只增損舊曆而已，未嘗實考天
度。其法須測驗每夜昏、曉、夜半月及五星所在
度秒，置簿錄之，滿五年，其間刪去雲陰及晝見
日數外，可得三年實行，然後以算術綴之。
（《夢溪筆談》卷八、象數二）

沈括的「測驗」概念為其後天文學家郭守敬（1231－
1316）採用並發展。郭提出：「曆之本在於測驗，而測驗之
器莫先儀表。」（《元史·郭守敬傳》）測量儀器的重要性
被明確地提出來。沈括還把「測驗」提高到「驗量」：

熙寧中，議改疏洛水入汴。予嘗因出使，按
行汴渠，自京師上善門量至泗州灘口，凡八百四
十里一百三十步。地勢，京師之地比泗州凡高十
九丈四尺八寸六分，……驗量地勢，用水平望
尺、干尺量之，不能無小差，汴渠堤外，皆是出
土故溝水，仿相通，時為一堰節其水，候水平，
其上漸淺涸，則又為一堰相齒如所陸，乃量堰之
上下水面，相高下之數會之，乃得地勢高下之
實。（《夢溪筆談》卷二十五雜志二）

試驗　與「效驗」和「測驗」概念相比，試驗概念內涵
之特徵在於，它屬於創造現象的實踐。春秋戰國時期《墨
經》中關於小孔成像等光學現象的描述，《漢書》中有關

「埋管飛灰」候氣的描述，王充《論衡》記載的指南「司勺」裝置，丹書和醫典有關火藥配方的記述，沈括的琴弦共振設計等，都是人工創造現象以獲取知識的實踐，但未有概念性的概括。至明代，朱載堉不僅在曆法研究中沿用「測驗」概念，主張「欲求精密，則須依憑象器測驗天」（《律曆融通・黃鐘曆議》），而且在律學研究中提出「試驗」（《律學新說・密率求圓冪第一》）的概念。

其後有宋應星主張「窮究試驗」（《天工開物・膏液》），他除了做許多試驗外，還設計了一個思想試驗：

> 人育於氣，必旁通運旋之氣而後不死。氣一息不四通，謂之氣死，而大命盡焉。試兀坐十笏閣中，周匝封糊，歷三飯之久，而視其人，人死矣。（《論氣・水塵》）

宋星應的這個有關呼吸的思想試驗，其方法論意義，不僅在於控制過程的實驗內涵，而且把實驗視為一種理性推理的工具。

質測　在西學東漸之初，對自然科學經驗方法的一種漢語概括。方以智（1611–1671）著《物理小識》，其論及編錄緣起時說：「每有所聞，分條別記。……（諸書）所言或無徵，或試之不驗，此貴質測，徵其確然耳者，然不記之，則久不可識，必待其徵實而後匯之……」此意已甚明，但他在《物理小識・自序》中，所給定義更精：

　　物有其故，實考究之，大而元會，小而草木
蟲蠔，類其性情，徵其好惡，推其常變，是曰質
測。

　　王夫之贊之說：「密翁與其公子為『質測』之學，誠學
思兼致之實功。蓋格物者即物以窮理，惟『質測』為得
之。」（《搔首問》）在方以智看來，考天測地、象數、律
曆、音聲、醫藥皆為「質之通者」，而專言治教者為「牢
理」。這無疑有益於將自然研究從儒學中獨立出來發展。

　　實測　初為焦循對推步測天方法的推廣概念，後由嚴復
（1853-1921）在其譯著《穆勒名學》中將其格定為具有歸
納意義的認識方法。焦循在其《易圖略・序》中介紹他如何
以測天之法測易而得到旁通、相錯、時行三個概念時說：

　　　　余初不知何為相錯，實測經文、傳文，而後
　　知比例之義出於相錯，不知相錯則比例之義不
　　明。余初不知其何為「旁通」，實測其經文、傳
　　文，而後知升降之妙出於旁通，不知旁通則升降
　　之妙不著。余初不知何為時行，實測其經文、傳
　　文，而後其變化之道出於時行，不知時行則變化
　　知道不神。未實測全《易》之先，胸中本無此三
　　者之名。既實測於全《易》，覺經文、傳文有如
　　是者乃孔子所謂相錯，有如是者乃孔子所謂旁
　　通，有如是者乃孔子所謂時行。

很明顯，焦循這段話實質上是說，他運用歸納法獲得作為解易原理的三個概念。嚴復將歸納法稱作「實測內籀之學」，與焦循不盡相同。焦循受中國傳統天文學的啟發達到「實測」的概念，而嚴復則是受西方自然科學和歸納法的啟發而強調「即物實測」並提倡「實測內籀之學」的，並且有幾分對抗中國傳統「心成之說」的寓意。

至此，經由對「實驗」概念的語源以及「效驗」、「測驗」、「試驗」、「質測」和「實測」諸概念厘定的歷史介紹，儒學傳統的實驗論發展脈絡大體已明。可以結論，經歷代學者的發展，由外延的縮小和內涵的擴大，最終與近代自然科學實驗方法論接軌。

科學技術觀

「科學」和「技術」概念是近代輸入的「舶來品」。中國古代本無作為整體的「科學」和「技術」這種概念。所以，我們所說的「科學技術觀」是在古今類比意義上，對古代有關科技思想作出的，並非無意義的某種選擇。我們的選擇是：「製器尚象」觀、「天工開物」觀和「道術一本」觀。

✘「製器尚象」觀

「製器尚象」乃易學關於創造和發明程序的一種理論觀點，主張取象自然形構製器以行人道。《繫辭上傳》提出：

「易有聖人之道四焉，以言者尚其辭，以動者尚其象，以卜筮者尚其占。」這裡將「製器尚象」列為易之「四道」之一。《繫辭下傳》下述的一段話可視為《繫辭下傳》作者對「製器尚象」的一個注釋：

　　古者包犧氏之王天下也，仰則觀象於天，俯則觀法於地，觀鳥獸之文與地之宜，近取諸身，遠取諸物，於是始作八卦，以通神明之德，以類萬物之情。作結繩而為網罟，以佃以漁，蓋取諸離。包犧氏沒，神農氏作，斲木為耜，揉木為耒，耒耨之利以教天下，蓋取諸益。日中為市，致天下之民，聚天下之貨，交易而退，各得其所，蓋取諸噬嗑。神農氏沒，黃帝堯舜氏作，通其變，使民不倦，神而化之，使民宜之。易，窮則變，變則通，通則久，是以自天祐之，吉無不利。黃帝堯舜垂衣裳而天下治，蓋取諸乾坤。刳木為舟，剡木為楫。舟楫之利，以濟不通，致遠以利天下，蓋取諸渙。服牛乘馬，引重致遠以利天下，蓋取諸隨。重門擊柝以待暴客，蓋取諸豫。斷木為杵，掘地為臼，杵臼之利，萬民以濟，蓋取諸小過。弦木為弧，剡木為矢，弧矢之利，以威天下，蓋取諸睽。上古穴居而野處，後世聖人易之以宮室，上棟下宇，以待風雨，蓋取諸大壯。古之葬者，厚衣之以薪，葬之中野，不

封不樹，喪期無數，後世聖人易之以棺椁，蓋取
諸大過。上古結繩而治，後世聖人易之以書契，
百官以治，萬民以察，蓋取諸夬。

這裡將上古的 13 項重大發明，網罟、耒耜、集市、衣
裳、舟楫、服牛乘馬、重門擊柝、杵臼、弧矢、宮室、棺
椁、書契，歸之為包犧、神農、黃帝、堯、舜五帝以及後世
聖人們受卦象啟迪而發明。

「器」並非僅指器械、物件之類的物質實體，按照「形
而上者謂之道，形而下者謂之器」的二分法，它應包括一切
顯道之事物。它既代表一定規格的典章制度，又代表科技上
包括理論和器械的一切創製。所以《易傳》作者把集市、喪
葬、文書也列入「製器」之列。

故《繫辭下傳》將「象」理解為卦象，其實它絕非僅指
卦象。《繫辭上傳》則對「象」有一段說明文字：「聖人有
以見天下之賾，而擬諸其形容，象其物宜，是故謂之象。」
卦象不過是自然物象的一種符號。面對紛云雜陳的萬物，聖
人要理出個條理、找出秩序，需先有所「擬」，也就是取
象。在這樣寬泛的「器」和「象」概念下，「觀象製器」作
為創造理論、制定典章、發明器物的一種指導原理和運作程
序是可能的。

漢代易學象數派以卦氣說解易，將六十四卦系統配四
季、二十四節、七十二候和三百六十五又四分之一日。這種
以六十四卦建立曆法表示的形式系統，實為先秦「製器尚

象」說在天文曆法領域的一種實踐。這種借易卦符號系統將曆法表示形式化的嘗試，受到張衡和張遂等天文曆法大家的重視，影響千餘年之久。京房開創的音律易卦表示系統，推動了音律學旋宮轉調的研究。

中國傳統醫學不僅引進入了陰陽五行學說，而且依易學六爻系統建立的臟腑經絡學說，六臟、六腑和六陽經、六陰經構成一個循環系統。在數學領域，趙爽「依經為圖」，發展「製器尚象」思想，著《《勾股圓方圖注》，首創數學圖解法，為後學留下了「勾股圓方圖」、「日高圖」、「七衡圖」等。劉徽繼承趙爽，著《九章算術注》，依「物類形象，不圓則方」的思想，把數學研究的「形象」思維發展為「析理以辭，解體用圖」的數學方法論綱領。

「製器尚象」思想最有成效的發展是天文圖、地理圖、特別是工程圖。在天文圖方面，三國時的陳卓把甘德、石申和巫咸的星表繪製成記有 1464 顆恆星的星圖，當代出土的馬王堆漢墓帛書又有 29 幅彗星圖。

在地圖方面，《尚書》和《周禮》已有記載，馬王堆漢墓也出土了地形圖和駐軍圖實物。晉人常璩著《華陽圖志》，裴秀（223–271）提出的「製圖六體」方法一直沿用到明末。至宋代，圖學已經發展到成熟階段。呂大臨編《考古圖》「探其製作之原，以補經傳之闕亡，正諸儒之謬誤」；李誡（？–1110）撰《營造法式》「別立圖樣，以明制度」；曾公亮（998–1078）著《武經總要》繪製圖樣「以紀新制」；蘇頌（1021–1101）的《新儀象法要》有機械圖

和星圖約 60 幅；代表性的圖學專著為鄭樵（1104–1162）的
《通志‧圖譜略》（1161 年）。鄭樵在《通志‧總序》中
說：「河出圖，天地有自然之象，圖譜之學由此而興。洛出
書，天地有自然之文，書籍由此而出。」在《通志‧圖譜
略》中，他強調「非圖無以見天象」，「非圖無以見地之
形」，「非圖無以作室」，「非圖無以製器」，「非圖無以
明章程」，「非圖無以明制度」，「非圖無以別經界」，
「非圖無以正其班」……。這是自《易傳》以來，科技領域
「製器尚象」思想發展的脈絡。

　　1934 年歷史學家齊思和在《燕京史學年報》（2 卷 1
期）上發表《黃帝之製器故事》，其師顧頡剛在《燕大月刊
國學專學》上發表《周易卦爻辭中的故事》都認為《繫辭下
傳》之聖人觀象製器篇為後儒竄入之文，胡適致函表示不贊
顧說，齊思和又撰文重申。

　　1938 年張承緒在其著作《周易象理論》中給出製器十
三卦圖。將上古的諸多重大發明歸功於聖人依六十四卦象而
作故不可信，但「製器尚象」思想不可疑。中國哲學史家馮
友蘭在其《中國哲學史新編》中指出：「《易傳》中這種觀
象製器的思想，實際上是說，經由對自然現象規律的觀察，
人類發明生產工具，這有以人力改造自然的意義。」胡適曾
把《繫辭下傳》第二章看作一種文化起源學說，《古史辨》
所載他的文章說，觀象之象並非專指卦象，卦象只是物象的
符號，見物而起意象，觸類而長之。

　　近年臺灣學者劉君燦把「製器尚象」看作中國傳統科學

技術特色的標誌。他的著作《談科技思想史》也以「製器尚象的類學」為副標題。

✖ 「天工開物」觀

「天工開物」說為宋應星在其《天工開物》中體現的一種技術經濟觀，主張經由人巧與自然力的互補結合開發物產，繁榮經濟，以技術是溝通人類與自然的橋樑的見識發展了儒學的「天人合一」的思想。

「天工開物」語源《尚書》和《易傳》。《尚書‧皋陶謨》有「無曠庶官，天工人其代之」語，意為不要空廢官職而應代天行事。《繫辭上傳》也有「夫《易》開物成務，冒天下之道，如斯而已者也」語，說《易》是一部開啟智慧、成就事業的書。宋應星將《尚書》的「天工」與《易傳》的「開物」結合成「天工開物」，作為其規諫統治者行有益生人之政務的「技術概論」性著作之書名，概括地表達其書所要倡導的基本思想。

雖然宋應星對「天工開物」語並無正面的直接解釋，但從其《天工開物》書卻可窺其寓意。經當代學者研究，其寓意可歸類為三點：

(1)崇尚天工，認為自然界蘊藏有豐富的資源和人所不及的潛力。《天工開物‧序》開宗明義說，「天覆地載，物數號萬，而事亦因之曲成而不遺，豈人也哉！」書中崇尚自然力的詞句多處可見，諸如「以見天心之妙」、「造化之巧已盡」、「人力不至於此」等等。最典型的要算《燔石‧

序》中的話：「礬現五色雲形，硫為群石之將，皆變化於烈火，巧極丹鉛爐火，方士縱勞唇舌，何嘗肖天工之萬一哉！」

(2)贊譽人巧，認為「人為萬物之靈」（《乃服》）、「人巧造成異物」（《乃粒》）。在《天工開物》中，他記述了30種技術創造，贊精巧的提花工藝為「天孫機杼，人巧備矣」，譽各種水利設施為「汲灌之智，人巧已無餘」、「水碓之法巧絕」（《乃粒》）。

(3)主張人巧與自然力協調，以人力補天工，以天工助人力。五穀不能自生，靠「生人生之」（《乃粒》）；草木之實的膏液不能自流，需「假媒水火、憑借木石，而後傾而出焉」（《膏液》）。

自然界的萬物「巧生以待」（《作咸》）「人工運旋」（《野議·民財議》），「或假人力，或由天造」（《作咸》），「天澤不降，則人力挽水以濟」（《乃粒》），連蜜蜂都採花釀蜜「使草木無全功」（《甘嗜》）。

這種崇尚天工，贊譽人巧，主張天工與人工互補的思想，並非宋應星獨有。傳統的「天人合一」觀和「經世致用」思想的廣泛傳播，在詩文中都有反映。

在唐代，詩人沈佺期（約656-714）寫下「龍門非禹鑿，詭怪乃天功」（《過蜀龍門》）這樣崇天工的詩句，而詩人高適（702-765）則寫下「用材兼柱石，開物象高深」（《題楊主簿新廳詩》）贊人巧的詩句。

宋代有陸游（1125-1210）的「天工不用剪刀催，山杏

溪桃次第開」（《新燕詩》），元代有趙孟頫（1254－
1322）的「人間巧藝奪天工，煉藥燃燈清晝同」（《松雪堂
集‧贈放煙火者》）。

明代有帥念祖（1723 年進士）主張「以人力盡地利，
補天工」（《區田編》）。《物理小識》（1643 年）、
《古今圖書集成》（1725 年）、《授時通考》（1742
年）、《滇南礦廠圖略》（1840 年）、《植物名實考》
（1848 年）、《格物中法》（1870 年）、《雲南通志》
（1877 年）、《蠶桑萃編》（1899 年）等書引述宋應星，
也表明其編著者在某種程度上接受宋氏的「天工與人工」互
補觀。這種「互補」說對「天人合一」觀的發展在於，把技
術看作天人聯繫的仲介，為其從人生哲學向技術論發展開闢
了道路。

在 17 世紀和 18 世紀之交，《天工開物》傳到日本，它
的翻刻、訓點和注釋出版，其影響幾乎占據整個江戶時代
（1608-1868）。在 19 世紀初，宋應星的「天工開物」思想
被佐藤信淵（1769-1850）發展並形成一種「開物之學」。

佐藤作為江戶時代的大思想家，為提倡「經世濟民」著
述 40 餘種，學涉天文、農學、醫學、採礦、造船、經濟、
兵法、植物及史地、外交諸多領域。在其有關著作中，不僅
《天工開物》被多所引用，而且「天工開物」的技術經濟思
想也被發揮。在《山相秘錄》（1827 年）中他倡導「主國
土者宜審勤經濟之學，究明開物之法，探索山谷，知其領內
所生物品，不以空徒虛名、曠廢天工」。在《經濟要錄》

（1827 年）中也論述「夫開物者，乃經營國土，開發物產，富饒宇內，教育人民之業者也」。他的這些思想又在日本發展為「開物之學」並形成「開物學派」，以致取《易傳》「開物成務」之義改「洋書調所」為「開成所」（1863年），後遷名「開成學校」（1865 年）為東京大學的前身。

日本學者三枝博音（1892－1963）在中西對比的意義上高度評價了宋應星的「天工開物」的技術思想。他認為，技術本來就是人類與自然協調的產物，只有把「天工」和「開物」結合起來理解技術，才能說對技術有了真正的理解；而這種把技術視為溝通人類與自然界的橋樑的思想，是東洋人世界觀的特徵，歐洲人大概寫不出「天工開物」這類書名的著作。

✖ 「道術一本」觀

中國古人對「道」與「術」、「學」與「藝」，既有區分又認為「道術一本」，但並非無所偏重，而是強調「道本術末」、「德上藝下」，主張「道以御術」和「藝以明道」。這樣一種思想觀點的形成，有一個歷史演變過程。它的意義，由於「道」的涵義的非單一性，而有廣狹兩層意思，狹義上指學理指導技藝，廣義上意味著道德指引科技。這種觀點雖非源於易學，但由易學的「三才」之道而產生廣泛的影響。

「道」字的原始涵義為道路，周代即已向抽象化方向發

展，《尚書·洪範》的「王道」已有政令、規範和法度的意思。春秋時代「道」開始向「規律」的涵義演化，《左傳》有了「天之道」之說。《老子》中的「道」，則既是宇宙的本源，又是事物的規律，「道」下落為「德」。老子強調「萬物尊道而貴德」（《老子》）。孔子將德藝並舉：「志於道，據以德，依於仁，遊於藝。」（《論語·述而》）從而德與藝的關係被提出來。

《禮記·大學》提出至善與格物的關係：「大學之道，在明明德，在親民，在止於至善。……欲明明德於天下者，先治其國；欲治其國者，先齊其家。欲齊其家者，先修其身。欲修其身者，先正其心。欲正其心者，先誠其意。欲誠其意者，先致其知。致知在格物。」

《禮記·中庸》論人道與天道、德性與知識的關係。對於天道與人道，第二十章「誠者，天之道；誠之者，人之道」，為子思引孔子之言，在第二十二章他作出解釋說：「唯天下至誠，為能盡其性；能盡其性，則能盡人之性；能盡人之性，則能盡物之性；能盡物之性，則可以贊天地之化育；可以贊天地之化育，則可與天地參矣。」這裡，「贊天地之化育」意謂幫助天地化育，「與天地參」即人與天地並立，人要幫助天地化育才能與天地並立。對於德性與知識，主張「君子尊德性而道問學，致光廣大而盡精微，極高明而道中庸。」《禮記·樂記》則提出「德成於上，藝成於下」的技藝從屬於道德的觀點。

《繫辭上傳》提出「一陰一陽之謂道」的命題，把陰陽

相互作用看作普適規律。《繫辭下傳》還提出「三才」之道：「《易》之為書也，廣大悉備，有天道焉，有人道焉，有地道焉，兼三才而兩之……」《說卦傳》有更進一步的解釋：「立天之道曰陰與陽，立地之道曰剛與柔，立人之道曰仁與義。」《繫辭上傳》提出德與業的關係：「盛德大業」和「崇德廣業」的思想。

「道術」一詞首出《莊子·天下篇》：「古之所謂道術者，果惡乎在？曰：無所不在。」西漢初陸賈（約前 240—前 170）和賈誼（前 200—前 168）都曾論「道術」。陸賈著《新語》，其中有《道基篇》。在該篇中，他將《中庸》講「三才」關係的「參天化育」說提高為「道術」：「天生萬物，以地養之，聖人成之，功德參合而道術生。」天地人「三才」相濟相成作為「道術」，越來越被闡發為治國平天下的德治原則。

賈誼著《新書》，其中有《道術篇》論述「道」與「術」的關係：「道者，所以接物也。其本者謂之虛，其末者謂之術。虛者，言其精微也，平素而無設儲也。術也者，所以制物也，動靜之數也。凡此皆道也。」道本術末、道術非二的思想大體具備。

三國時期的數學家趙爽進而將道術關係發展為「以道御術」。他在注《周髀》時援引《周易》論「道術」說：「夫道術，聖人之所以極深而研幾。惟深也，能通天下之志；惟幾也，故能成天下之物。」《周髀》認為「道術所以難通」因為「既學矣，患其博」，「既博矣，患其不習」，「既習

矣，患其不能知」。他論「知道」說：「問一類而以萬物達者，謂之知道。」

晉代葛洪（283－363）論「道術」主張「體道以匠物，寶德以長生」（《抱朴子‧釋滯》）「寓道於術」的思想，與「以道御術」思想類似。他的煉丹活動是他「寓道於術」的實踐。

宋明理學家以「理」說「道」。易學家邵雍強調以「理」觀「物」，認為「遠乎理則入乎術，世人以數入術故失於理也」（《皇極經世書‧觀物外篇》）。數學家秦九韶主張「數與道非二本」，「大則可以通神明、順性命，小則可以經事務、類萬物」（《數書九章‧序》）。數學家李冶也把算學這種技藝看作道之所在：「由技兼於事言之，夷之禮，夔之樂，亦不免為一技；技近乎道者言，石之斤，扁之輪，非聖人之所與乎？」（《測圓海鏡‧序》）

醫藥學家把醫術看作「仁術」，名醫朱震亨認為「士苟精一藝，以推及物之仁，雖不仕於時，猶仕也」，宋代明相范仲淹有「不為良相，當為良醫」之說。宋以降，道器之辯、德藝之爭起。

文學家蘇軾（1037－1101）「道者，器之上達者也；器者，道之下見者也，其本一也」；南宋哲學家葉適（1150－223）以「周官言道兼藝」為據論說，「上古聖人之治天下至矣，其道在於器數……無考於者，其道不化」（《進卷‧總義》），「道術相通」、「德藝相濟」的思想頗濃。

明清功利實學思潮盛，「經制之學」和「經濟之學」被

提倡，「通經致用」和「明道救世」的思想上升。方以智以《禮記·中庸》為據論說，「成己，仁也；成物，知也。性之德也，合內外之道也，故時措之宜也」（《物理小識·自序》）。

清代樸學曾導致數學的復興，仍以「藝明道」為指導。錢嘉學派大師錢大昕說：「數為六藝之一，由藝以明道，儒者之學也。自世之學者卑無高論，習於數而不知其理，囿於今兒不通乎古，於是儒林之實學下同方技，雖多運算如飛，又遏足貴乎。」（李銳：《三統術衍鈴》跋）

這樣的科學技術觀，對於中國傳統科學技術的發展有極為深遠的影響。這種影響有利也有弊。其弊端最為明鮮者是妨害了科學技術專業的形成。

例如，6世紀末，顏之推所撰《顏氏家訓》的《雜藝》篇中說，「算術亦六藝要事，自古儒士論天道、定律曆者皆通之。然可以兼明，不可以專業。」雖有沈括主張「人之於學，不專則不能，雖百工其業至微，猶不可兼而善」，終難扭轉大勢，以致科技長期淪為儒學的附庸。但「道術相通」、「德藝相濟」的思想，在當今科學技術的社會危機舉世矚目的新形勢下，卻有極為重要的意義。

第二章
易學的符號學特徵

　　易學符號系統主要有《周易》和《太玄》兩種。前者是二元符號系統，後者是三元符號系統。以組合數學看，它們的結構都可歸屬於有限重集排列。

　　我們所關心的是那些同科學有關的部分，主要討論易卦的排序原理、分類原理和易圖的對稱性。易卦符號從一開始就是作為象徵性的代號使用的，也就是被作為「符號」看待。為了討論和排版方便，我們不拘守原有的符號形式，本書也使用別的符號替代它們。

　　在大多數場合我們以「●」和「○」替代「--」和「—」。對於六十四卦系統，有時我們以其 64 個卦名，有時又以八卦名（乾、坎、艮、震、巽、離、坤、兌）及其象徵（天、地、山、澤、水、火、雷、風）漢字組合替代。對於《太玄》系統中的「—」、「--」、「---」，我們分別可以「●」、「○」和「⊙」替代。

　　以爻組卦的符號排列原取豎式，認讀順序由下往上。這裡的替代符號既可豎排也可橫排，凡豎排認讀自下而上而橫排則自左至右，請讀者注意。

易卦排序原理

符號序是符號學的重要內容。卦序曾經是象數派易學家付出大量心力的研究對象。歷代易學家們討論最多的是《周易》系統，而《太玄》系統則很少被注意，關於排序問題的討論，我們在集中於六十四卦序問題的同時，也討論《太玄》系統卦序問題。

✖六十四卦序疑難

《易傳》關於八卦方位的兩段話可以認為是對八卦序的兩種規定。但這種規定的原理是義理的，而非符號學的。《易經》六十四卦是有順序的，《序卦傳》給出的解釋亦非符號學的，而是一個依卦名意義的「類因果」說明：

有天地，然後萬物生焉。盈天地之間者，唯萬物，故受之以屯。屯者，物之始生也。物生必蒙，故受之以蒙。蒙者，蒙也，物之稚也。物稚不可不養也，故受之以需。需者，飲食之道也。飲食必有訟，故受之以訟。訟必有眾起，故受之以師。師者，眾也。眾必有所比，故受之以比。比者，比也。比必有所畜，故受之以小畜。物畜然後有禮，故受之以履。履而泰然後安，故受之以泰。泰者，通也。物不可以終通，故受之以否

……。

　　從天地形成到萬物孳生，以至人類社會的出現，人生要衣食住行，就發生爭鬥，所以要團結、節制，要制訂規範，達到安泰；安泰不會長久，而會發生向反面轉化……。從乾卦到未濟，後卦依前卦，或相因或相反，形成一個因果鏈。

　　京房大概由於不滿意於這種卦序才提出「八宮世代」卦序說。此說與《序卦傳》不同，不是依托卦義，而是依卦象建次序，可以說是進入了符號學的排序研究。他借「飛伏」分類原理，按乾震坎艮坤巽離兌的順序設為「八宮」。乾坤、震巽、坎離、艮兌互為「飛伏」。這八宮作為上世，每宮都各屬有一、二、三、四、五世和游魂、歸魂七卦。各宮所屬世代七卦，皆為上世變爻而得，因而各宮諸世代之間亦具上世飛伏關係。此種卦序的符號學意義是明顯的，但操作上不夠「簡單」。

　　京房同時代人揚雄的《太玄》系統，以符號學看是一種完美的排序，它實質上是四位三進制數順序表，但卻長期未被人注意，因而對六十四卦序研究也沒產生影響。

　　東晉韓康伯（332-380）認為《序卦傳》，只是假托六十四卦序說明卦義。唐孔穎達（574-648）的「復變」分類原理也無助於解決六十四卦次序問題①。

　　北周衛元嵩在其著作《元包經》提出的六十四卦序，在建序原理上類似京房八宮說，因為以坤為首而被認為體現了《歸藏》易學思想。

　　宋代圖書學盛行，卦序研究也大有展。邵雍的先天學所建立的伏羲六十四卦序與揚雄的《太玄》有類似之處，本質上是六位二進制數順序表。這點是法國來華傳教士白晉（Joachim Bouvet, 1656-1730）和德國數學萊布尼茨共同發現的。朱熹在其《周易本義》中，不僅將京房宮卦序歌和邵雍伏羲卦序圖並列而載，而且還根據《繫辭傳》中的「因而重之」的模糊說法，明確提出「重卦」法。

　　明來知德的「錯綜」分類原理為建序提供了一種方法，但從符號學看不算成功。

　　清初陳夢雷的六十四卦方圖研究本質上是矩陣乘法建序原理，清末宋書生沿襲了這種方法。

　　近代的易學家仍然關心通行本《周易》的卦序問題。特別是漢墓帛書本《周易》出土以後，因其與通行本卦序不同，更引起學者們的思考。為了下文討論方便，也為讀者思考這個「千古之謎」方便，在總結歷史上的排序原理之前，我們給出通行本、帛書本和邵雍圖三種卦序的比較表如下：

通行本卦序	帛書本卦序	邵雍圖卦序
○○○○○○	○○○○○○	●●●●●●
●●●●●●	●●●○○○	●●●●●○
○○●○●●	○○●○●○	●●●●●●
●○○○●●	○○○●○●	●●●●○○
○○○●●●	●○●○●○	●●●○●○
●○○○○●	○●○○○○	●●○○○○

①王夫之（1619—1692）曾以「未有見其信然也」（《周易外傳·
序卦傳》）給以否定；近人耿濟 1987 年第一屆全國數哲學討論
上的論文《＜易經＞六十四卦中的千古疑謎》對不能建序給出
論證。

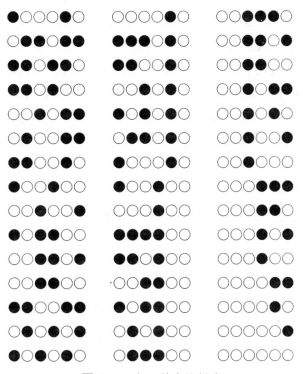

圖1　六十四卦序比較表

歷史上出現的排序方法，大多可以由不同的操作歸為朱熹的「重卦」原理，儘管有各種說法。

✖ 重卦排序原理

重卦原理源於《繫辭下傳》的「八卦成列，象在其中矣；因而重之，爻在其中矣」的話。「因而重之」被後人理解為「八卦相重而為六十四卦」，即八卦各卦兩兩相疊，把

三爻的單卦變成六爻的重卦，得到六十四卦。如果任意重疊，則六十四卦就無合數理的順序可言，只有按某種設定的整序規則排列才能得到相應的六十四卦的唯一特定形式。

朱熹曾將其「重卦」原理表述為：「先劃八卦於內，復劃八卦於外，以旋轉相加，而為六十四卦。」這裡雖然給出了一種原理性的規範，但八卦順序的不同選擇，顯然會得到不同的六十四卦序。朱熹所謂「旋轉相加」顯然要求六十四卦圓排列。

《易傳》關於八卦方位的論說雖有圓排布的規定，而現在所知的最早八卦圓圖是出土文物唐八卦鏡。載於朱熹《周易本義》的邵雍之六十四卦方圓圖可能是最早的兩種非直線排列方式。

清代惠棟（1697-1758）在其《易漢學》中依京房的八宮卦說繪出「八宮卦次」方圖。清末宋書升在其《周易要義》中總結說：「易道陰陽，其序不外取度方圓焉，《周易》之序，殆方圓之用矩法者也。」

實際上，對同序的六十四卦符號系統，方圓排列是可以相互轉換的。圓排列依序首尾銜接，方排列不過是自上而下分八行排布，形式不同而序可同。

現在，讓我們以重卦原理來考察通行本、漢帛書本和邵雍圖式三種典型的卦序，重建它們的排序方法。我們的這種討論將採用人們最熟知的八卦系統的象徵符號——天地雷風水火山澤進行，卦符與卦名和卦象的對應關係，如圖 2 所示。

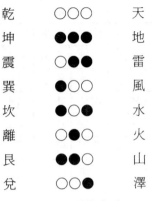

乾	○○○	天
坤	●●●	地
震	○●●	雷
巽	●○○	風
坎	●○●	水
離	○●○	火
艮	●●○	山
兌	○○●	澤

圖 2　八卦取象表

　　我們首先考察邵雍六十四卦系統。按邵雍自己在其《皇極經世書》卷七的《觀物外篇》記載，他關於卦圖演成的思想的說法是：

　　　太極既分，兩儀立矣。陽下交於陰，陰上交於陽，四象生矣。陽交於陰，陰交於陽，而生天之四象；剛交於柔，柔交於剛，而生地之四象，於是八卦成矣。八卦相錯，然後萬物生焉。故一分為二，二分為四，四分為八，八分為十六，十六分為三十二，三十二分為六十四，故曰分陰分陽，遞用柔剛，易六位而成章也。十分為百，百分為千，千分為萬；猶根之有幹，幹之有枝，枝之有葉；愈大則愈少，愈細則愈繁，合之斯為一，衍之斯為萬。

地地	地山	地水	地風	地雷	地火	地澤	地天
山地	山山	山水	山風	山雷	山火	山澤	山天
水地	水山	水水	水風	水雷	水火	水澤	水天
風地	風山	風水	風風	風雷	風火	風澤	風天
雷地	雷山	雷水	雷風	雷雷	雷火	雷澤	雷天
火地	火山	火水	火風	火雷	火火	火澤	火天
澤地	澤山	澤水	澤風	澤雷	澤火	澤澤	澤天
天地	天山	天水	天風	天雷	天火	天澤	天天

圖 3　邵雍六十四卦方陣

　　正是這個明晰的思想使他創造出伏羲八卦次序等四個先天圖。朱熹也同意邵雍的連續二分法，其《語類》卷六十七有「一分為二節節如此，以至於無窮，皆是一生兩爾」句。邵雍的六十四卦序也可由朱熹的重卦法實現。按朱熹的內外八卦旋轉相重而成六十四卦的思路，內外八卦的順序都是地山水風雷火澤天。圖 3 為 8×8 的方陣，下八卦的地與上八卦地、山、水、風、雷、火、澤、天相重而得第一行，以下八卦的山依次重上八卦得第二行，依此法繼續以水、風、雷、火、澤、天去重上卦，就分別得第三、第四、第五、第六、第七和第八行。

　　對於漢帛書本六十四卦序進行考察，我們發現它的排序法也可視為重卦法。如圖 4，它的上八卦順序是天山水雷地澤火風，而下八卦的順序則是天地山澤水火雷風。上下卦相重的方法是，下八卦的天地山澤水火雷風與上八卦之第一卦

天天	地天	山天	澤天	水天	火天	雷天	風天
山山	天山	地山	澤山	水山	火山	雷山	風山
水水	天水	地水	山水	澤水	火雷	雷水	風水
雷雷	天雷	地雷	山雷	澤雷	水雷	火雷	風雷
地地	天地	山地	澤地	水地	火地	雷地	風地
澤澤	天澤	地澤	山澤	水澤	火澤	雷澤	雷澤
火火	天火	地火	山火	澤澤	水水	雷雷	風風
風風	天風	地風	山風	澤風	水風	火風	雷風

圖4　帛書六十四卦方陣

相重得第一行，與第二、第三、第四、第五、第六、第七、第八各卦相重，分別得第三、第四、第五、第六、第七和第八行。但是，在進行下八卦與上卦之一卦相重操作時，首先將其中與該上卦相同的那一下卦提置為首位，餘卦順序皆不變，然後依序相重。

漢帛書本的六十四卦序，已不是簡單地依朱熹的內外卦旋轉相重得到，而是附加了一個換位條件。當考察通行本六十四卦序時，我們發現它根本無法由內外八卦相重實現。

✖ 重卦原理的推廣

八卦相重而生六十四卦的排序方法，作為重卦原理可以加以推廣運用。比如兩儀相重得四象序，四象相重得十六卦序等等。我們以《太玄》系統和《易林》系統為例討論重卦原理的推廣。

　　楊雄的《太玄》符號系統發展了易學符號系統。他以符號「一」、「--」、「---」取代「一」、「--」，組合排列出 81 組符號，他稱之為八十一「首」，並且每首部有其首名。《太玄》八十一首次序也可以由重卦生成。它可以被看作內外（上下）卦皆為九卦相重的結果。若排為 9×9 的方陣，如圖 5。

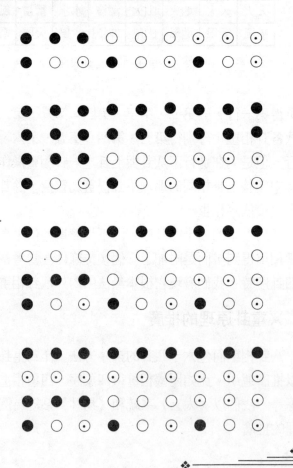

第二章　易學的符號學特徵

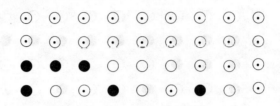

圖5 《太玄》八十一首方圖

　　焦贛由十二爻畫組成的四千零九十六卦系統亦六十四卦
相重所得，自然可用兩個六十四卦卦名的組合排列表示其一
卦，也可用四個八卦象徵名的組合排列表示。焦贛的《易
林》沒給出符號系統，我們用「●」和「○」表示。排成一
個 64×64 的方陣很容易，但本書的版面容納不下，把它以
直線表的形式完整地表示出來也需要可觀的篇幅。下面給出
四千零九十六卦卦系統的一部分以示意。

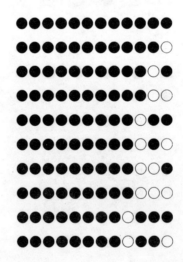

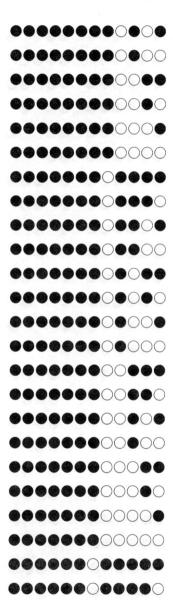

●●●●●●○●●●○●
●●●●●●○○●●○○
●●●●●●○●●○●○
●●●●●●○●●○●○
●●●●●●○●●○○●
●●●●●●○●●○○○
●●●●●●○○●○●○
●●●●●●○○●●○●
●●●●●●○○●●○●
●●●●●●○●○●○○
●●●●●●○●○●○○
●●●●●●○●○○●○
●●●●●●○○○●○●
●●●●●●○●○●○○
●●●●●●○○●●●●
●●●●●●○○●●●○
●●●●●●○○●●●○
●●●●●●○○●●○○
●●●●●●○○●○●●
●●●●●●○○●●●○
●●●●●●○○●●●○
●●●●●●○○●●○○
●●●●●●○○○●●○
●●●●●●○○○●●●
●●●●●●○○○●●○

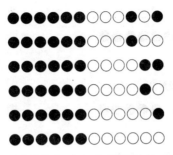

圖 6 《易林》十二爻卦系統的一部分

易卦分類原理

　　《雜卦傳》曾在概念對立的意義上講卦之兩兩對立，尚不是在符號學的意義上的分類原理。從漢代起易學家們在象數研究中發現了符號學意義上的諸分類原理。其中飛伏原理、復變原理和錯綜原理是最重要的。

✖ 飛伏原理

　　漢京房提出的「飛伏」原理，以解釋他的八宮卦序。所謂「飛伏」是說兩卦相較其爻陰陽相反對。乾坤互為飛伏，震巽互為飛伏，坎離互為飛伏，……。

　　虞翻（146-233）的「旁通」，即兩卦六爻陰陽皆相反，實相當於「飛伏」卦。按飛伏原理可將六十四卦分為互為「飛伏」的三十二對，如圖7：

○○○○○○　　乾

●●●●●●　　坤

●○○○○○　　姤

○●●●●●　　復

●○○○●○　　鼎

○●●○●○　　屯

○●●○○○　　無妄

●○○●●●　　升

●○●○○○　　訟

○●○●●●　　明夷

○●○○●○　　離

●○●●○●　　坎

●○●●●○　　師

○●○○○○　　同人

●●○○○●　　咸

○○●●●○　　損

○○●○○○　履
●●○●●●　謙

○○●○●○　睽
●●○○●○　蹇

○○○●●●　泰
●●●○○○　否

●●○○●○　旅
○○●●○●　節

●●●●○○　觀
○○○○●●　大壯

○○●○○●　兌
●●○○●○　艮

○●●○●○　噬嗑
●○○○●○　井

●○●●○○　渙
○●○○●●　豐

●○●●●○　　　　蒙

○●○○○●　　　　革

●●●●○○　　　　比

○○○●○　　　　　大有

○●●○○●　　　　隨

●○○●●○　　　　蠱

○●○●●○　　　　賁

●○●○○●　　　　困

○○○●●○　　　　大畜

●●●○○●　　　　萃

●○○○●●　　　　恆

○●●●○○　　　　益

○○●●○○　　　　中孚

●●○○●○　　　　小過

●●○●○○　　　　漸

○○●○●●　　　　歸妹

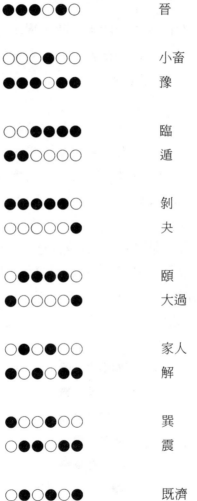

○○○●○●　　需
●●●○●○　　晉

○○○●○○　　小畜
●●●○●●　　豫

○○●●●●　　臨
●●○○○○　　遯

●●●●●○　　剝
○○○○○●　　夬

○●●●●○　　頤
●○○○○●　　大過

○●○●○○　　家人
●○●○●●　　解

●○○●○○　　巽
○●●○●●　　震

○●○●○●　　既濟
●○●○●○　　未濟

圖 7　六十四卦飛伏結構

✖ 復變原理

唐孔穎達在研究六十四卦序時，提出易卦的「非復即變」命題。他在其《周易正義》中，對韓康伯關於《序卦傳》的評注作發揮時提出：

> 今驗六十四卦，二二相耦，非復即變。復者表裡視之，遂成兩卦，屯、蒙、需、訟、師、比之類是也。變者反覆唯成一卦，則變以對，乾、坤、坎、離、大過、頤、中孚、小過之類是也。

這裡的「復」即倒置，亦即爻序顛倒。而「變」則指卦爻的陰陽性質改變，顯然與京房的「飛伏」同義。這裡孔穎達發現了一個新原理，即「復變」原理。六十四卦中互「變」者三十二對，而相「復者」二十八對，如圖8：

屯	○●●●●○●	蒙
需	○○○●○●	訟
臨	○○●●●●	觀
噬嗑	○●●○●○	賁
泰	○○○●●●	否
同人	○●○○○○	大有
咸	●●○○○●	恆
遯	●●○○○○	大壯

蹇	●●○●●●	解
損	○○●●●○	益
困	●○●○●●	井
革	○●○●○●	鼎
豐	○●○●●●	旅
巽	●○○●○○	兌
師	●○●●●●	比
小畜	○○○●○○	履
謙	●●○●●●	豫
剝	●●●●●○	復
隨	○●●○○●	蠱
晉	●●●○○○	明夷
無妄	○●●○○○	大畜
姤	○○○○○●	夬
家人	○●○●○○	睽
震	○●●○●●	艮
萃	●●●○○●	升
渙	●○●●○○	節
漸	●●○●○○	歸妹
既濟	○●○●○●	未濟

圖8　六十四卦復卦對表

✖ 錯綜原理

　　明來知德在其《周易來氏注》中提出「錯綜」概念作為六十四卦分類原理。他所謂的卦之相「錯」即京房的「飛伏」、孔穎達的「變」，而他所謂的「綜」亦即孔穎達的「復」。

　　按照「錯綜」原理考察六十四卦，他的新發現在於，有些卦即「錯」又「綜」可稱之為「錯綜卦」，而另一些卦自我相綜，可稱之為「自綜卦」。我們給出它們的圖示，以便查驗。錯綜卦者八，分為四對；自綜卦者也八：

❖
易學與科技

○○○●●●　　　　　泰

●●●○○○　　　　　否

○●○●●○　　　　　既濟

●○●○○●　　　　　未濟

○●●●○○●　　　　　隨

●○○○●●○　　　　　蠱

●●○○●○○　　　　　漸

○○●○●●　　　　　歸妹

圖9　錯綜卦表

○○○○○○	乾
●●●●●●	坤
●○●●○●	坎
●●○○●●	離
○○●●○○	中孚
●●○○●●	小過
●○○○○●	大過
○●●●●○	頤

圖 10　自綜卦表

✖ 易卦分類的組合學解

易卦分類可由數學中的組合學說明。組合學研究的是一組事物安排成各種各樣模式的問題，主要有三種類型：

在什麼條件下能夠實現滿足某種要求的安排；

如果安排是可能的，又如何計算實現這種可能的方式，或者說如何分類；

在構造出滿足一定條件的安排之後，如何研究這種安排的性質和結構。

一般地說，組合學與離散結構和關係的分析有關。易卦系統的構成可以由組合學的重集排列予以完全說明。

重集的概念和集合類似，只是它的元素不必是不同的。如，{ a , b , c , d } 是集合，而 { a , a , a , b , c , c , d , d , d } 則是重集。組合學用指明不同元素出現的次數來表示一個重集。上面的重集可以表示為 { 3·a , 1·b , 2·c , 4·d }。

3，1，2，4分別表示重集各元素的重複數。重集分有限重集
和無限重集。重複數有限的重集叫有限重集，重複數無限的
重集叫無限重集。例如，$\{2 \cdot a , 1 \cdot b , 3 \cdot c\}$是有限重集，
而$\{\infty \cdot a , \infty \cdot b , \infty \cdot c\}$是無限重集。

重排列是說，如果 S 是重集，S 的 r 排列是 S 的 r 元素
的有序排列。重集排列有兩個定理：

無限重集排列定理　假設 S 是包含 K 個不同的事物，而
且每一事物具有無限重複數的集合，則 S 的 r 排列的個數是
K^r。

有限重集排列定理　假設 S 是具有有限個重複數 n_1，n_2，
……n_k 的重集，而且 $n = n_1 + n_2 + \cdots\cdots + n_k$ 則 S 的排等於

$$\frac{n!}{n_1! \, n_2! \cdots \, n_k!}$$

如果重集 S 只有兩個不同的對象 a_1 和 a_2，則它的無限
重集可表示為$\{\infty \cdot a_1 , \infty \cdot a_2\}$；當 a_1 的重複數為 n_1，a_2 的
復數為 n_2，且 $n = n_1 + n_2$，則它是有限重集，可表示為$\{n_1 \cdot$
$a_1 , n_2 \cdot a_2\}$，這時 S 的排列數為

$$\frac{n!}{n_1! \, n_2!} = \frac{n!}{n_1! \, (n - n_1)!} = C_{n1}^{n}$$

這樣，我們就可以把 C_{n1}^{n} 看作為 n 個元素集合的 n_1 的排列組
合數。

易圖中的兩儀、四象、八卦、……，就是陰爻和陽爻兩
個元素的無限重集的排列數。因為 $K \leqq 2$，所以它具有的排
列數為$N \leqq 2^r$。

當 r = 1 時，N = 2，對應於兩儀；

當 r = 2 時，N = 4，對應於四象；

當 r = 3 時，N = 8，對應於八卦；

當 r = 4 時，N = 16，對應於十六卦；

當 r = 5 時，N = 32，對應於三十二卦；

當 r = 6 時，N = 64，對應於六十四卦；

當 r = 7 時，N = 128，對應於一百二十八卦；

還可按 $N = 2^r$ 的規則增長下去，形成易卦的無限序列。

由此可見邵雍的一分為二，二分為四，四分為八，八分為十六，十六分為三十二，三十二分為六十四的無限二分法是有數學意義的。不然，只有八卦和六十四卦就是一個數學上不完備的系統。

兩儀、四象、八卦及六十四卦都可以按 C（n_1，n）分類。我們以八卦和六十四卦為例。八卦是三爻卦，每卦都可以視為三元素集合的 n_1 組合的一種或三個元素的重複數為 n_1 和 3 − n 的重集的排列之一種。把 n_1 視為陰爻數，則在該卦中的陽爻數為 3 − n_1。在八卦中含有一個陰爻的卦數為

$$C_1^3 = \frac{3\,!}{1\,!\,(3-1)\,!} = 3,$$

只含有兩個陰爻的卦數為：

$$C_2^3 = \frac{3\,!}{2\,!\,(3-2)\,!} = 3,$$

三個爻畫都是陰爻的卦數為：

$$C_3^3 = \frac{3!}{3!\,(3-3)!} = 1,$$

三個爻畫沒有一個陰爻的卦數為：

$$C_0^3 = \frac{3!}{0!\,(3-0)!} = 1,$$

四種卦合起來共八個。

六十四卦是六爻卦，不含陰爻的卦數為：

$$C_0^6 = \frac{6!}{0!\,(6-0)!} = 6,$$

含一個陰爻的卦數為：

$$C_1^6 = \frac{6!}{1!\,(6-1)!} = 6,$$

含兩個陰爻的卦數為：

$$C_2^6 = \frac{6!}{2!\,(6-2)!} = 15,$$

含三個陰爻的卦數為：

$$C_3^6 = \frac{6!}{3!\,(6-3)!} = 20,$$

含四個陰爻的卦數為：

$$C_4^6 = \frac{6!}{4!\,(6-4)!} = 15,$$

含五個陰爻的卦數為：

$$C_5^6 = \frac{6!}{5!\,(6-5)!} = 6,$$

含六個陰爻的卦數為：

$$C_6^6 = \frac{6!}{6!\,(6-6)!} = 1,$$

共六十四卦。對於陽爻可作同樣的分析，結果也與陰爻的完全一樣。將（n－n₁）代 n₁，可得

$$C_{n1}^n = C_{n-n1}^n$$

在古代的易學著作裡已有這種統計分類思想的萌芽，主要體現在各種卦變法的圖式中。虞翻取復姤、臨遁、泰否、大壯觀四對卦，由它們的爻位變化產生之新卦，明顯分為一陰一陽之卦組、二陰二陽之卦組、三陰三陽之卦組、四陰四陽之卦組共四組，如圖 11－14。

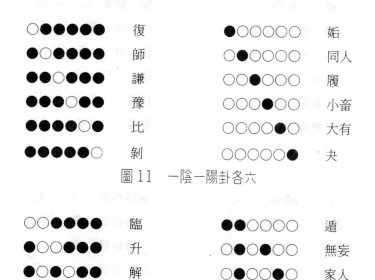

○●●●●● 復	●○○○○○ 姤
●○●●●● 師	○●○○○○ 同人
●●○●●● 謙	○○●○○○ 履
●●●○●● 豫	○○○●○○ 小畜
●●●●○● 比	○○○○●○ 大有
●●●●●○ 剝	○○○○○● 夬

圖 11　一陰一陽卦各六

○○●●●● 臨	●●○○○○ 遁
●○○●●● 升	○●●○○○ 無妄
●○●○●● 解	○●○●○○ 家人

易學與科技

					卦							卦
●	○	●	●	○	●	坎	○	●	○	○	●	○	離
●	○	●	●	●	○	蒙	○	●	○	○	○	●	革
○	●	○	●	●	●	明夷	●	●	○	●	○	○	訟
○	●	●	○	●	●	震	●	●	○	●	○	○	巽
●	●	●	○	●	○	屯	●	○	●	○	●	○	鼎
●	●	●	●	●	○	頤	●	○	○	○	●	○	大過

圖 12　二陰二陽卦各九

					卦							卦
○	○	○	●	●	●	泰	●	●	●	○	○	○	否
●	○	○	○	●	●	恆	○	●	●	●	○	○	益
●	○	○	●	○	●	井	○	●	○	●	○	●	噬嗑
●	○	●	○	●	○	蠱	○	●	○	●	●	○	隨
○	●	●	○	●	●	豐	●	○	●	●	○	○	渙
○	●	○	●	○	●	既濟	●	○	●	○	●	○	未濟
○	●	○	●	●	○	賁	●	○	●	○	○	●	困
○	○	●	○	●	●	歸妹	●	●	○	●	○	○	漸
○	●	●	○	●	○	節	●	●	○	○	●	○	旅
○	○	●	●	●	○	損	●	●	○	○	●	●	咸

圖 13　三陰三陽卦各十

					卦							卦
○	○	○	○	●	●	大壯	●	●	●	●	○	○	觀
●	○	○	○	○	●	大過	○	●	●	●	●	○	頤
●	○	○	○	●	○	鼎	○	●	●	●	○	●	屯
○	●	○	○	●	○	革	●	○	●	●	●	○	蒙

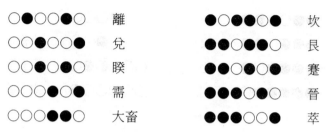

○●○○●○　離　　　　●○○●○●　坎
○○●○○●　兌　　　　●●○●○○　艮
○●○●○○　睽　　　　●○●○●○　蹇
○○○●●○　需　　　　●●○●○○　晉
○○○●●○　大畜　　　●●●○○●　萃

圖14　四陰四陽卦各九

　　此種卦變說的特點是，卦變所得諸卦皆為「母」卦之同份構體」。虞翻的卦變法作為分類系統，雖然已表現出明顯的系統化，但仍然有不少缺點。所生卦計六十八，其中坎、離、屯、蒙、鼎、革、頤、大過各出現兩次，而乾、坤、中孚、小過不在其中。從符號學說，這種缺點是嚴重的。其後李之才的卦變說則克服了這些邏輯上的缺陷。

　　李之才的卦變說是由乾坤兩卦生成六十四卦系統。其具體程序是，乾坤初交生復、姤兩卦，由它們的爻位變化各五生卦；乾坤再交生臨遁兩卦，此臨、遁經爻變而各成十四；乾坤兩卦三交生泰、否兩卦，此泰、否爻變亦各得九卦；總合恰為六十四卦。如圖15所示。

○○○○○○　乾　　　　●●●●●●　坤

　　坤一交　　　　　　　　乾一交
○●●●●●　復　　　　●○○○○○　姤

●○●●●●　師　　　　○●○○○○　同人

●●○●●● 謙　　　　○○●○○○ 履

●●●○●● 豫　　　　○○○●○○ 小畜

●●●●○● 比　　　　○○○○●○ 大有

●●●●●○ 剝　　　　○○○○○● 夬

坤再交　　　　　　　　乾再交

○○●●●● 臨　　　　●●○○○○ 遯

○●○●●● 明夷　　　●●○○○ 訟

●○○●●● 升　　　　○●●○○○ 無妄

●○●○●● 小過　　　○○●●○○ 中孚

●○●●○● 蹇　　　　○○●○●○ 睽

●●○●●○ 艮　　　　○○●○○● 兌

○●○●●● 震　　　　●○○●○○ 巽

●○○●●● 解　　　　○●○●○○ 家人

●●○○●● 萃　　　　○○●○●○ 大畜

●●●○●● 晉　　　　○○○●●○ 需

○●●●○● 屯　　　　●○○○●○ 鼎

●○●○●● 坎　　　　○●○●○○ 離

●●●●○○ 觀　　　　○○○○●● 大壯

○●●●●○ 頤　　　　●○○○●○ 大過

●○●●●○ 蒙　　　　○●○○○● 革

坤三交　　　　　　　　乾三交

○○○●●● 泰　　　　●●●○○○ 否

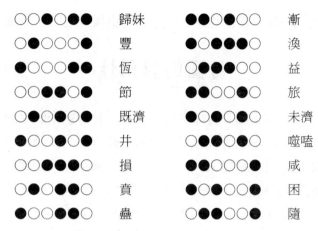

圖 15 乾坤三交六十四卦相生圖

　　李之才的乾坤三交六十四卦生成法之邏輯精神為邵雍和朱熹所宗。邵雍的「二分」生成法和朱熹的卦變圖對此有所體現。朱熹《周易本義》中的卦變圖把六十四卦中乾、坤以外的卦分為五類：一陰一陽卦，二陰二陽卦，三陰三陽卦，四陰四陽卦，五陰五陽卦：

　　一陰一陽卦各六，對應於 $C_1^6 = 6$；

　　二陰二陽卦各十五，對應於 $C_2^6 = 15$；

　　三陰三陽卦各二十，對應於 $C_3^6 = 20$；

　　四陰四陽卦各十五，對應於 $C_4^6 = 15$；

　　五陰五陽卦各六，對應於 $C_5^6 = 6$。

　　朱熹的卦變圖所反映的思想正符合於今天的重集排列規

則。反過來說卦變圖也是我們今天的重集排列的一種圖式。

易圖的對稱性

八卦和六十四卦方陣對稱排布是易卦符號學研究的一個重要方面。出土的唐代銅鏡已有八卦圓排列的紋飾。但真正的卦象排布研究是從宋代開始的。隨著河洛圖學的興起，邵雍開始對八卦和六十四卦的排列問題進行研究。他區分了先天八卦和後天八卦，先天六十四卦和後天六十四卦，依天圓地方說畫出六十四卦方圓圖。其後卦圖成為象數研究的一個重要方面。

南宋吳仁杰作《易圖說》，元代有俞琰著《易圖纂要》解釋邵雍的先天圖式，雷思齊著《易圖變通》、張理著《大易象數鉤沉圖》、錢義方著《周易圖說》。至此易圖研究還多為祖述邵雍，自清以來的圖書亦多研究河洛圖。

唯陳孟雷所著《周易淺述》開易圖對稱排列研究之先河。該書之第八卷為易圖說，給出河圖、洛書配八卦圖，八卦小成圖，六十四卦大成圖，六十四卦分解圖、縱橫圖，三十六卦錯綜圖等。從對稱排列研究講，其中的方圖內外圖最有意義，它實質上是典型的對稱分析。

清代惠棟在其著作《易漢學》中所繪京房八宮位卦圖只顯示其飛伏對稱性，而江永在其著作《河洛精蘊》中仿京房八宮說所製後天六十四卦圖只是另一種形式的飛伏對稱排列，都不及陳孟雷的工作。

✖六十四卦方圖的錯綜對稱性

按數學排列組合公式，n 個不同的對象的總排列方式是全排列 $P_n^n = n!$，六十四卦的總排列數為：$P_{64}^{64} = 64! \approxeq 10^{89}$。清陳孟雷按錯綜對稱性把邵雍的伏羲六十四卦圖分解為四。

圖 16 和圖 17 是陳夢雷給出的邵雍先天六十四卦方圖縱橫圖及其分解圖。

坤八							
	艮七						
		坎六					
			巽五				
				震四			
					離三		
						兌二	
							乾一

圖 16　陳夢雷方圖縱縱橫圖

坤	剝	比	觀	豫	晉	萃	否
謙							遯
師							訟
生							姤
復							無妄
明夷							同人
臨							履
泰	大有	需	小畜	大壯	大有	夬	乾

圖 17(1)

艮	蹇	漸	小過	旅	咸	
蒙					困	
盅					大過	
頤					隨	
賁					革	
損	節	中孚	歸妹	睽	兌	

圖 17(2)

	坎	渙	解	未濟		
	井			鼎		
	屯			噬		
	既濟	家人	豐	離		

圖 17(3)

		巽	恒			
		益	震			

圖 17(4)

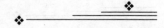

　　陳夢雷內外圖之妙處在於，由過心連線連結之卦是交錯關係，整個圖是分層交錯，共四層。從錯綜對稱性看，這個圖是漂的。

　　但是，這分解圖尚不能清楚地表現卦方陣之交綜對稱性。如果將此圖的第三列和第五列相換，第四列和第七列相換，就得到新的六十四卦方圖，如圖2.18。

　　此圖優於邵、陳圖之處在於，它不僅可以完美地表現六十四卦的全部交錯關係，而且也完美地表現六十四卦的全部交綜關係、自綜關係和錯綜關係，也就是說全面地表現出六十四卦的錯綜對稱性。這個圖的一條主對角線為八個自綜卦所占有，另一條為八個錯綜卦所占有。我們把圖18依層分解畫出，有圖19。

　　圖19的（1a）和（1b）分別示出最外層交錯和交綜關係；而該圖的（2a）和（2b），（3a）和（3b），（4a）和（4b）分別示出其他層的兩種對稱關係，以通過中心的連線連接者為交錯關係，而其餘由相互平行諸線所連接者為交綜

坤	豫	比	萃	剝	晉	觀	否
謙	小過	蹇	咸	艮	旅	漸	遯
師	解	坎	困	蒙	未濟	渙	訟
升	恒	井	大過	盅	鼎	巽	姤
復	震	屯	隨	頤	噬嗑	益	無妄
明夷	豐	既濟	革	賁	離	家人	同人
臨	歸妹	節	兌	損	睽	中孚	履
泰	大壯	需	夬	大畜	大有	小畜	乾

圖18　高對稱六十四卦方陣

坤	豫	比	萃	剝	晉	觀	否
謙							遯
師							訟
生							姤
復							無妄
明夷							同人
臨							履
泰	大壯	需	夬	大畜	大有	小畜	乾

圖 19（1a）

坤	豫	比	萃	剝	晉	觀	否
謙							遯
師							訟
生							姤
復							無妄
明夷							同人
臨							履
泰	大壯	需	夬	大畜	大有	小畜	乾

圖 19（1b）

	小過	蹇	咸	艮	旅	漸	
	解					渙	
	恒					巽	
	震					益	
	豐					家人	
	歸妹	節	兌	損	睽	中孚	

圖 19（2a）

	小過	蹇	咸	艮	旅	漸	
	蒙					渙	
	蠱					巽	
	頤					益	
	賁					家人	
	歸妹	節	兌	損	睽	中孚	

圖 19（2b）

		坎	困	蒙	未濟		
		井			鼎		
		屯			噬嗑		
		既濟	革	賁	離		

圖 19（3a）

		坎	困	蒙	未濟		
		井			鼎		
		屯			噬嗑		
		既濟	革	賁	離		

圖 19（3b）

圖 19（4a）

圖 19（4b）

關係。讀者如有興趣，可將諸圖以卦符替代卦名重畫，其錯綜對稱性顯而易見。

　因為自綜卦都處於和交綜線垂直的那條對角線上，它可以有交錯關係而無交綜關係，但可以自綜。因為錯綜卦皆處在同一條交綜線上，它們自然有交綜關係，交綜線和交錯線同一，故它們是錯兼綜的關係。

✖易卦對稱性的矩陣分析

矩陣是現代數學之一。

矩陣定義為 m 行和 n 列組成的數表。

$$\begin{bmatrix} a_{11} & a^{12} & a^{13} & \cdots\cdots \\ a_{21} & a_{22} & a_{23} & \cdots\cdots \\ a_{m1} & a_{m2} & a_{m3} & \cdots\cdots \end{bmatrix}$$

矩陣中的每個數 a_{jk} 稱為元素，下角標 j 和 k 分別標出該元素出現在矩陣中的行號和列號。矩陣常用一個字母表示，上述矩陣可以表示為 A，也可以表示為（ a_{jk} ）。

僅有一行的矩陣稱為行矩陣（或行向量），而僅有一列的矩陣稱為列矩陣（或列向量）。行數和列數相等（ n 行 n 列）的矩陣稱為方陣。矩陣按照它們的元素是實數或復數而分別稱為實矩陣和復矩陣。

矩陣有一些特殊的定義和運算規則。

①矩陣的相等

當兩個同階（行數和列數相同）的矩陣 A =（ a_{jk} ）和 B =（ b_{jk} ）滿足 $a_{jk} = b_{jk}$ 是相等的。

②矩陣加法

若 A =（ A_{jk} ）和 B =（ b_{jk} ）有相同的階時，則定義 A 和 B 的和為 A + B =（ $a_{jk} + b_{jk}$ ）。

③矩陣減法

若 A =（ a_{jk} ）和 B =（ b_{jk} ）有相同的階時，則定義 A 和 B 的差為 A – B =（ $a_{jk} - b_{jk}$ ）。

④數與矩陣的乘法

若$A = (a_{jk})$，而λ是任一數（或純量）時，則定義A與λ的積為$\lambda A = A\lambda = (\lambda a_{jk})$。

⑤矩陣的乘法

若$A = (a_{jk})$是一個$m \times n$矩陣，而$B = (b_{jk})$是$n \times p$矩陣時，則定義A和B的積為

$$AB = (\sum_{i=1}^{n} a_{jk} b_{ik}) = (C_{jk}) = C$$

⑥矩陣的轉置

把一個矩陣的行和列互換得到的矩陣稱為矩陣的轉置，A的轉置記為A^T。

⑦對稱矩陣和斜對稱矩陣

設A是個方陣，若$A^T = A$，則稱A是對稱的；若$A^T = -A$，則稱A是斜對稱的。

⑧單位矩陣

一個方陣，若主對角線上的元素（$j=k$的元素）都為1，而其餘元素都為0，就稱為單位矩陣，記作I。I的重要性質是$AI = IA = A$。

⑨零矩陣

全部元素都是0的矩陣稱為零矩陣。

⑩矩陣的逆

對於給定的方陣A，存在一個矩陣B，使得$AB = I$，則稱B是A的逆（矩陣），記為A^{-1}。

邵雍的六十四卦方圖的陳夢雷排法，就是一種矩陣乘

坤坤	坤艮	坤坎	坤巽	坤震	坤離	坤兌	坤乾
艮坤	艮艮	艮坎	艮巽	艮震	艮離	艮兌	艮乾
坎坤	坎艮	坎坎	坎巽	坎震	坎離	坎兌	坎乾
巽坤	巽艮	巽坎	巽巽	巽震	巽離	巽兌	巽乾
震坤	震艮	震坎	震巽	震震	震離	震兌	震乾
離坤	離艮	離坎	離巽	離震	離離	離兌	離乾
兌坤	兌艮	兌坎	兌巽	兌震	兌離	兌兌	兌乾
乾坤	乾艮	乾坎	乾巽	乾震	乾離	乾兌	乾乾

圖 20　陳夢雷縱橫圖重卦表示

法。丁超五在其《科學的易》中，將其看作是依八卦序坤、艮、坎、巽、震、離、兌、乾作列矩陣和行矩陣相乘的結果。圖 20 為 8×8 方陣。它是由八卦的象徵（天、澤、火、雷、風、水、山、地）表示的。

　　薛學潛在其《超相對論》中，從矩陣的角度詳細地研究了六十四卦錯綜對稱性。他根據矩陣的要求把八卦（乾、兌、離、震、巽、坎、艮、坤）都編了號。令乾 = 1，兌 = 2，離 = 3，震 = 4，巽 = 5，坎 = 6，艮 = 7，坤 = 8，用數學符號寫出六十四卦的方陣 Γ

$$\Gamma = \begin{bmatrix} q_{11} & q_{12} & q_{13} \cdots q_{18} \\ q_{21} & q_{22} & q_{23} \cdots q_{28} \\ q_{m1} & q_{m2} & q_{m3} \cdots q_{m8} \end{bmatrix}$$

　　Γ 這個 8×8 矩陣就代表六十四卦。因為六十四卦是依賴六爻變化的，他規定：

$q_{\mu\nu} = \varphi(\delta_\sigma)$；$\mu, \nu = 1, 2, 3, 4, 5, 6, 7, 8$；$\sigma = 1, 2, 3, 4, 5, 6$。

$\delta_\sigma = 0$ 對應於陰爻（— —）

$\delta_\sigma = 1$ 對應於陽爻（—）

分別用矩陣討論了易卦的錯綜對稱性問題。

令 $\tilde{q}$ 為 q 之錯，$\overline{q}$ 為 p 之綜，對於具有象圖 2.18 那樣排布六十四卦易矩陣，則有：

$$q_{\mu,\nu} = \tilde{q}_{(9-\mu),(9-\nu)}$$

$$p_{\mu,\nu} = \overline{q}_{\nu\mu}$$

$$\mu, \nu = 1, 2, 3, 4, 5, 6, 7, 8$$

上述六十四卦八階矩陣元素的兩種關係（交錯和交綜）可用易矩陣的符號 $q_{\mu\gamma}$ 和 $p_{\mu\gamma}$ 畫為圖 21 和圖 22。交綜卦處於互為轉置的位置上，但它們並不相等。

q_{11}	q_{12}	q_{13}	q_{14}	q_{15}	q_{16}	q_{17}	q_{18}
q_{21}							q_{28}
q_{31}							q_{38}
q_{41}							q_{48}
q_{51}							q_{58}
q_{61}							q_{68}
q_{71}							q_{78}
q_{81}	q_{82}	q_{83}	q_{84}	q_{85}	q_{86}	q_{87}	q_{88}

圖 21　交錯關係

p_{11}	p_{12}	p_{13}	p_{14}	p_{15}	p_{16}	p_{17}	p_{18}
p_{21}							p_{28}
p_{31}							p_{38}
p_{41}							p_{48}
p_{51}							p_{58}
p_{61}							p_{68}
p_{71}							p_{78}
p_{81}	p_{82}	p_{83}	p_{84}	p_{85}	p_{86}	p_{87}	p_{88}

圖 22　交綜關係

✖易卦對稱性的群論分析

一、群論的基本概念

群論是關於對稱性的數學理論。一般地說，對稱性是指物質系統或符號系統相對於某種變換的不變性。例如，幾何位形相對於某和運動的不變性就是一對對稱性。這叫空間對稱性或幾何對稱性。對二維空間來說，使幾何對稱性保持不變的變換，有繞垂直於圖面的適當的旋轉的角度的操作，有對垂直於圖面的適當平面反射操作。對三維空間來說，除了有各繞軸旋轉和對各種平面反射操作之外，還有對某中心點的反演操作。

不但幾何位形對於這些空間變換具有不變性，描述物質系統運動規律的運動方程，作為符號系統它對於空間坐標的平移、旋轉、反演等運算也可能具有形式不變的特性，對於時間的平移、反演也可能具有不變性。對於空間變換以外的種種變換的不變性稱為內稟對稱性。例如，電荷換號運動方

程不變；邏輯學中的命題對兩次否定不變。一個系統的所有對稱變換的集合是一個群。

一個群滿足一定條件的不同元素的集合。一般，由元素G_1，G_2，G_3……G_n組成的集合G，賦予它們一定的合成法則，當它們滿足下列四個條件時就形成一個群：

(1)G中的任意兩個元素G_i和G_j在給定的合成法則下得到的新元素仍然屬於G。這叫群的封閉性。

(2)元素合成法則滿足結合律。對任意的元素G_i，G_j，G_k，有$G_i \cdot (G_j \cdot G_k) = (G_i \cdot G_j) \cdot G_k$成立。符號「·」表示$G$中兩個元素的合成。

(3)存在一個單位元素E，屬於G，使得G中任意元素G_i滿足$E \cdot G_i = G_i \cdot E = G_i$。

(4)對於G中的任意元素G_i存在一個唯一的逆元素G_i^{-1}，使得$G_i^{-1} \cdot G_i = G_i \cdot G_i^{-1} = E$。

群中元素的個數叫作群的階。包含有限個元素的群叫有限群，包含無限多的元素叫無限群。如果群中元素的個數是可數無限的，則群是分立的；如果群中元素的個數是不可數無限的，則群是連續的。群元素的積並不一定是可交換的（對易的），即一般說來，$AB \neq BA$。若群的所有元素都互相對易，則稱此群為阿貝爾群（交換群），否則即非阿貝爾群。

一般地說，群的元，即元素，不是事物本身，也不是事物之間的關係，而是事物、關係彼此間的相互變換操作。

如果繞某軸旋轉$2\pi/n$（n是正整數）使系統保持不

Gi \ Gj	E	X	Y	Z
E	E	X	Y	Z
X	X	E	Z	Y
Y	Y	Z	X	E
Z	Z	Y	X	E

圖23　四階群行列表

變，則此軸線叫作系統的 n 重對稱，相應的操作記為 $C_\infty C_n$ 的整數冪也是系統的對稱變換，記作 C_n^k，它表示對系統逐次旋以 K 個 C_n 操作，即繞軸轉 $2\pi k/n$ 角。對平面的反射用帶有表徵反射平面的下標 m 或 σ 標記。I 表示中心反演操作。恆等操作記為 E。

　　屬於群 G 的元的行列表可以清楚地表示群的具體構造。圖 23 就是一個四階群的行列表。

　　寫群元素行列表時，行列中元素的次序無關緊要。一種比較好的寫法是，使第一列每一元素（第二操作）是第一行相應的元素（第一操作）的逆。這樣寫出的行列表，主對角線只含單位元 E。

　　如果群的元素 B 和 C 滿足下述關係

$$A^{-1} BA = C$$

稱它們為共軛元素。上述運算叫做 B 通過 A 的相似變換。顯然

$$ACA^{-1} = B$$

　　一個群常常可以分成一些集合，使得每一集中的元素都

互相共軛，但屬於不同兩集的兩個元素不共軛。這樣的集合叫做群的共軛類，或簡稱類。

　　如果一個集合 H 的所有的元素都在群 G 中，而且 H 息身也是在同樣合成法則下的一個群，則 H 叫做群 G 的一個子群。

　　在一個較大的群中，屬於同一類的元素在一個較小的子群中不一定屬於同一類。

二、易幾何對稱群

　　在這節中，我們將在易圖的幾何解釋的基礎上討論易圖的幾何操作對稱性。我們以四象和八卦為例，討論它們的空間對稱群。這種討論是從空間對稱性理解易圖數學結構的一個方面。這種對稱性同晶體的空間的對稱十分相似，我們完全用物理學中這方面的術語，因而我們討論也就十分簡單。這節的內容可以參考任何一本關於物理學空間對稱群的書，如 A・W・約什著的《物理學中的群論基礎》。

1.四象空間對稱群

　　圖 24 是正方形操作的對稱群表示符號。而四象的幾何解正是一個平面上的對稱點。四個點連直線構成一個正方形。所以四象的空間對稱性就是正方形的對稱性。正方形的操作構成一個群。

　　表中列出了正方形的全部對稱操作。這些操作構成一個群，在物理學中稱之為 C_{4v} 群。圖 25 是 C_{4v} 的乘法表。

符號	操作
E	恒等操作
C_4	繞通過中心的垂直軸順時針轉 90°
C_4^2	繞上述軸轉 180°
C_4^3	繞上述軸轉 270°
m_x	繞 X 軸的反射
m_y	繞 Y 軸的反射
σ_u	對對角線的反射
σ_v^{η}	對另一對角線的反射

圖 24　對稱操作符號

第二操作	第一操作							
	E	C_4	C_4^2	C_4^3	m_x	m_y	σ_μ	σ_v
E	E	C_4	C_4^2	C_4^3	m_x	m_y	σ_μ	σ_v
C_4^3	C_4^3	E	C_4	C_4^2	σ_v	σ_u	m_x	m_y
C_4^2	C_4^2	C_4^3	E	C_4	m_y	m_x	σ_v	σ_u
C_4	C_4	C_4^2	C_4^3	E	σ_u	σ_v	m_y	m_x
m_x	m_x	σ_v	m_y	σ_u	E	C_4^2	C_4^3	C_4
m_y	m_y	σ_u	m_x	σ_v	C_4^2	E	C_4	C_4^3
σ_u	σ_v	m_x	σ_v	m_y	C_4	C_4^3	E	C_4^2
σ_v	σ_v	m_y	σ_u	m_x	C_4^3	C_4	C_4^2	E

圖 25　C_{4v} 乘法表

類	操　　　作
E	恆等操作（　個元素）
C_4, $3C_4^3$ 或 $6(C_4)$	繞 X, Y 和 Z 轉 90° 和 270°（6 個元素）
（$3C_4^2$）	繞 X, Y 和 Z 轉 180°（3 個元素）
（$6C_2$）	繞任一對相對棱中點的連線轉 180°（6 個元素）
（$4C_3$, $4C_2^3$）或（$8C_3$）	繞立方體四根對角線轉 120° 和 240°（8 個元素）

圖 26　群 O 元素分類表

2. 八卦的空間對稱群

　　八卦的幾何解釋表明，它構成一個立方點陣。它的完全對稱群稱為 O_n 群。它共有四十八個元素，其中二十四個是真轉動，另二十四個是非真轉動。真轉動組成 O_n 的子群，記為 O，稱為真轉動立方點群。圖 26 是群 O 元素的分類表。

三、易陰陽反演群

　　易圖的陰陽反演類似於物理學中的電荷反演。對於兩儀、四象、八卦……施以陰陽反演變換它們都具有不變性。我們只討論兩儀的二階群、四象的四階群和八卦的八階群。其餘可以類似地進行討論。

　　兩儀是個二階群。

　　我們規定 G 為使卦變號的操作，G 作用於陽爻使之變為

	E	G
E	E	G
G	G	E

圖 27　兩儀對稱群乘法表

陰爻，G作用於陰爻使之變為陽爻，用符號表示即為G○＝
●，G●＝○。兩儀這個符號系統只包含了兩個符號即陰
爻和陽爻。如果G作用於該系統，陽爻變為陰爻，陰爻變為
陽爻，變換後的系統仍然是由陰陽兩個符號組成的兩儀系
統。這就是兩儀對G變換具有不變性。

　　對兩儀系統的G變換構成一個二階群，它的兩個元素
是：表示不作任何變換的單元E和變號操作G。這個二階群
的乘法表為圖27。

　　四象是個四階群。

　　因為四象是畫卦的符號系統，共有四個符號。對四象符
號系統來說有四種變換操作使變換後的系統和原系統一樣，
它們構成一個四階的對稱變換群。

　　我們以 G_0 表不旋變換，它是這個四階群的單元 E，即
G_0 ＝ E。G_1 表示對下爻施加變換。G_2 表示對上爻施加變
換。G_{12} 表示對上下兩爻同時施加變換。

　　我們現在來說明，這四種變換都能使變換後的系統和原
來的系統一樣，即仍為四象。

　　四象的符號系統為：

G_0作用於四象，按 G_0 的定義它不改變四象的符號系統。

G_1作用於四象。由於

$$G_1 \, \bullet\bullet = \bigcirc\bullet \, , \qquad G_1 \, \bullet\bigcirc = \bigcirc\bigcirc \, ,$$
$$G_1 \, \bigcirc\bullet = \bullet\bullet \, , \qquad G_1 \, \bigcirc\bigcirc = \bullet\bigcirc \, ,$$

所以不變換後的系統為：

$$\bigcirc\bullet \qquad \bigcirc\bigcirc \qquad \bullet\bullet \qquad \bullet\bigcirc$$

可見，對四象施以 G_1，變換的結果仍為四象，即四象對於 G_1 具有不變性。

G_2作用於四象。由於

$$G_2 \, \bullet\bullet = \bullet\bigcirc \, , \qquad G_2 \, \bullet\bigcirc = \bullet\bullet \, ,$$
$$G_2 \, \bigcirc\bullet = \bigcirc\bigcirc \, , \qquad G_2 \, \bigcirc\bigcirc = \bigcirc\bullet \, ,$$

所以改變後的系統為：

$$\bullet\bigcirc \qquad \bullet\bullet \qquad \bigcirc\bigcirc \qquad \bigcirc\bullet$$

可見，對四象施以 G_2 變換的結果仍為四象，即四象對 G_2 變換具有不變性。

G_{12}作用於四象。由於

$$G_{12} \, \bullet\bullet = \bigcirc\bigcirc \, , \qquad G_{12} \, \bullet\bigcirc = \bigcirc\bullet \, ,$$
$$G_{12} \, \bigcirc\bullet = \bullet\bigcirc \, , \qquad G_{12} \, \bigcirc\bigcirc = \bullet\bullet \, ,$$

所以變換後的系統為：

$$\bigcirc\bigcirc \qquad \bigcirc\bullet \qquad \bullet\bigcirc \qquad \bullet\bullet$$

可見，對四象施以 G_{12} 變換的結果仍為四象，即四象對 G_{12} 變換具有不變性。

我們現在來證明這四個變換構成一個群。

因為 $G_0 = E$ 表示不變換，所以

$G_0 G_1 = G_1$ ， $G_0 G_2 = G_2$ ， $G_0 G_{12} = G_{12}$ ；

$G_1 G_0 G_1$ ， $G_2 G_0 = G_1$ ， $G_{12} G_0 = G_{12}$ 。

因為 G_1 作用於四象的結果為：

○●　　　　○○　　　　●●　　　　●○

對這一結果再施以 G_1 的變換則為：

●●　　　　●○　　　　○●　　　　○○

它正是未施任何變換的四象圖式，所以 $G_1 G_1 = G_0 = E$ 。

因為 G_1 作用於四象的結果為：

○●　　　　○○　　　　●●　　　　●○

對這一結果再施以 G_2 的變換則為：

○○　　　　○●　　　　●○　　　　●●

它正好為 G_{12} 作用於四象的結果，所以 $G_2 G_1 = G_{12}$ 。

因為 G_1 作用於四象的結果為：

○●　　　　○○　　　　●●　　　　●○

對這一結果再施以 G_{12} 的變換則為：

●○　　　　●●　　　　○○　　　　○●

它正好為 G_2 作用於四象的結果，所以 $G_{12} G_1 = G_2$ 。

同樣分析，可以證明：

$G_2 G_2 = E$ ， $G_1 G_2 = G_{12}$ ， $G_{12} G_{12} = G_1$ ，

$G_{12} G_2 = E$ ， $G_1 G_{12} = G_2$ ， $G_2 G_{12} G_1$ 。

圖 28 給出這個四階群的乘法表。

	G_0	G_1	G_2	G_{12}
G_0	E	G_1	G_2	G_{12}
G_1	G_1	E	G_{12}	G_2
G_2	G_2	G_{12}	E	G_1
G_{12}	G_{12}	G_2	G_1	E

圖 28　四象對稱群的乘法表

八卦對稱群是八階群。

因為八卦是三畫卦的符號體系，是八個符號組成的符號集。我們以 G_0 表示不施任何變換，即 $G_0 = E$，它是群的單位元。G_1 表示對下邊的爻畫施以變換。G_2 表示對中間的爻畫施以變換。G_3 表示對上邊的爻畫旋以變換。G_{12} 表示對下爻和中間爻同時施以變換。G_{23} 表示對中上爻同時施以變換。G_{13} 表示對下上兩爻同時施以變換。G_{123} 表示對三個爻畫同時施以變換。

現在以乾卦〇〇〇為例，說明這些變換的意義。

G_0 〇〇〇 = 〇〇〇，

G_1 〇〇〇 = ●〇〇

G_2 〇〇〇 = 〇●〇，

G_3 〇〇〇 = 〇〇●

G_{12} 〇〇〇 = ●●〇，

G_{23} 〇〇〇 = 〇●●

G_{13} 〇〇〇 = ●〇●，

$$G_{123} \bigcirc\bigcirc\bigcirc = \bullet\bullet\bullet$$

　　對其他卦來說這些 G 變換有類似的意義。我們現在以 G_1 變換為例，說明八卦體系對 G_1 變換具有不變性。

　　八卦的符號體系為：

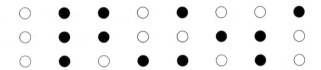

對八卦各卦符都施以 G_1 變換後的結果為：

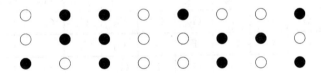

可以看出它仍然是原來八卦的八個符號的集合，只不過次序有了變化。

　　對八卦符號體系施以 G_2 , G_3 , G_{12} , G_{23} , G_{13} , G_{123} 變換的結果，可以證明，也使八卦符號集保持不變。

　　現在我們來證明：G_0 , G_1 , G_2 , G_3 , G_{12} , G_{23} , G_{13} , G_{123} 這八個變換構成一個群。很容易看出

$$G_1 G_2 = G_2 G_1 = G_{12} ,$$
$$G_1 G_3 = G_3 G_1 = G_{13} ,$$

$$G_1 G_{12} = G_{12} G_1 = G_2 \, ,$$
$$G_1 G_{13} = G_{13} G_1 = G_3 \, ,$$
$$G_1 G_{23} = G_{23} G_1 = G_{123} \, ,$$
$$G_1 G_{123} = G_{123} G_1 = G_{23} \, ,$$
$$\cdots\cdots \, .$$

清楚地表示這些關係的是圖 29 八卦對稱群乘法表。

　　類似地可以證明十六卦對稱群是十六階群，三十二卦對稱是三十二階群，六十四卦對稱是六十四階群，2^n 卦的對稱群是 2^n 的階群。

	G_0	G_1	G_2	G_3	G_{12}	G_{13}	G_{23}	G_{123}
G_0	E	G_1	G_2	G_3	G_{12}	G_{13}	G_{23}	G_{123}
G_1	G_1	E	G_{12}	G_{13}	G_2	G_3	G_{123}	G_{23}
G_2	G_2	G_{12}	E	G_{23}	G_1	G_{123}	G_3	G_{13}
G_3	G_3	G_{13}	G_{23}	E	G_{123}	G_1	G_2	G_{12}
G_{12}	G_{12}	G_2	G_1	G_{123}	E	G_{23}	G_{13}	G_3
G_{13}	G_{13}	G_3	G_{123}	G_1	G_{23}	E	G_{12}	G_2
G_{23}	G_{23}	G_{123}	G_3	G_2	G_{13}	G_{12}	E	G_1
G_{123}	G_{123}	G_{23}	G_{13}	G_{12}	G_3	G_2	G_1	E

圖 29　八卦對稱群乘法表

第三章
易學與傳統科學

在近代科學傳入中國之前，中國傳統文化中的科學因素也有其自己的發生和發展的歷史。科學發展既有其自身的邏輯根源，也依賴自然地理環境及社會的、政治的、經濟的和文化的條件。促成中國傳統科學形成和發展因素是多方面的，易學作為文化條之影響而居其一。它的影響究竟如何，是本章要討論的中心論題。

我們的討論從傳統科學發展的文化背景開始，然後分別論述易學與天文、物理和數學的關係。

傳統科學的文化背景

中國傳統科學中有大體一致的宇宙圖象，但沒有統一的科學範式。正如席文（Nathan Sivin）所說，中國有多樣的科學，卻沒有形成一個統一的「科學」概念①。在中國古代科學家的心目中，沒有一個各學科相互聯繫的整體科學，除了

---

① Nathan Sivin, Shen Kua, Charles Gillispieed. Dictionary of Science Biography, New York, 1975, Vol. 16.

數學與天文建立起聯繫外，天算家在朝廷裡計算曆法，醫生在社會上為人治病，道士在山中煉丹，並不感到有必要彼此發生技術上的聯繫。中國傳統科學的定型是各自獨立的，大體在秦漢時期形成各自的科學範式。

中國傳統科學自秦漢確立了其骨架或模式以後，在魏晉南北朝時期達到了它的第一個高峰期。說它是高峰有兩個理由：一是從中國科學自身看，它在兩漢的基礎上有了重大的發展；二是放在世界科學史中比較，它是在希臘科學和阿拉伯科學兩個繁榮期之間的一次世界意義的繁榮。

科學史和哲學史研究已達共識，認為科學發展的理論化傾向是這一高峰期的主要特徵。這一理論化傾向表現在醫藥學、地理學、天文學、農學、丹學和數學六個領域。

在醫藥學領域，王叔和（約 180−260）的《脈經》集脈診大成，厘定 24 種脈象，使之脫離經脈體系而成的一種獨立的診斷法；皇甫謐（215−282）的《黃帝三部針灸甲乙經》融匯《黃帝內經》中的《素問》、《靈樞》和《明堂孔穴針灸治要》，使經絡、四時、五行相互聯繫，而形成針灸療法的理論體系；陶弘景（456−536）的《本草集注》將人文原則的「三品」分類法改為依藥物自然來源和屬性的分類法。

在地理學領域，裴秀（223−271）創立了由分率、準望、道里、高下、方邪、迂直六原則構成的「製圖六體」理論和拼接、縮製地圖的「計里劃方」法；酈道元的《水經注》開創以水道為綱，綜合描述地理的新形式。

在天文學領域，虞喜（281－356）發現歲差，張子信（活動於6世紀20－60年代）發現五星視運動的不均勻性，並且這些發現還被祖沖之用於改進曆法。

在農學領域，賈思勰（活動於6世紀前半葉）的《齊民要術》標誌著中國農學體系的成熟。

在丹學方面葛洪（283－343）的《抱朴子》是一部影響深遠的煉丹書。

在數學領域，劉徽創割圓術，祖沖之的圓周率計算達到相當七位小數的精度，遙遙領先於世界。

中國科學第一次高峰期最突出的成就是幾何學，而且「非實用性」是促成其發展的原因①。這又與玄學易的理性主義相關。

東漢末年，太學和郡學與黨爭配合批評時政的清議導致「黨錮」之禍，許多倡導清議的學者遭監禁。太學為鴻都門學取代，清議轉為探求玄理。曹魏廢察舉而行「九品中正」選官法，通經致仕之途受阻，讀書做官的意識逐漸淡化，經學亦遭冷落。曹魏時期的經學大師王肅，倡導放棄對功名利祿的追求：「與其屈己以富貴，不若抗志以貧賤；屈己則制於人，抗志則不愧於理。」何晏（約193－249）、王弼（226－249）意識到「時將大變，世將大革」，為名士們出謀劃策，提醒他們注意保存自己而不要忠君，甚至可以對

---

①洪萬生：《重視證明的時代》，載劉岱總主編《中國文化新論・科技篇》，聯經出版公司，1982年。

「動天下，滅君主」而不顧。

這種政治背景下的知識分子的心態和要求在道家的思想中找到了根據。漢代的黃老學說經士族之手發展為玄學。在這種玄學風氣下，兩漢易學亦轉向以玄學解易的道路。於是《周易》與《老子》、《莊子》並列，成為「三玄」之一。

魏晉南北朝時的易學玄學化是易學史的一大轉折。這一轉折是易學義理派和象數派的論爭，以義理派占了上峰的結果。漢代易學以象數派為主流，義理派居次位。漢代象數學發展的符號系統包含有組合數學的原始形式。就此而論象數派更近於科學。

但象數學中的災異說和讖緯迷信的神秘主義，則是與科學相背離的。義理派就是在反對象數學中的這種神秘主義及其煩瑣學風的鬥爭中興起的。

義理派思想有兩個學術根源：一是古文經學，二是老、莊學說。古文經學的興起和延續是理性主義的表現。漢武帝「獨尊儒術」，所推崇的「五經」大多並無先秦文本依據，而是憑口傳整理成書的。《書》出於伏生，《禮》出於高堂生，《春秋公羊傳》出於公羊氏和胡母生。

自景帝以降，逐漸發現古文經與今文經之不同，從而動搖了今文「五經」的神聖地位。魯恭王在孔子宅牆壁中發現用六國古文字寫成的《尚書》、《禮記》、《論語》、《孝經》等數十篇，當時未引起重視。

成、哀之時，劉向和劉歆父子倆提出將古文經學列於學官，亦遭今文博士群起而攻之。王莽攝政始立古文經學於學

官。此後古、今經文之爭漸烈，以致章帝不得不召開白虎觀會議親決。其結果《白虎通義》以讖緯迷信改造儒學，使古文經學僅有的一點考據理性精神也被扼殺。

東漢末年馬融（79-166）、王肅等經學家重新恢復早期儒學和古文經學，作為古文經學的費直易學傳統被繼承。與此同時，玄學家何晏、向秀（約227-272）有關《周易》的注釋，也以義理為主而頗近費氏易學。

本來《易傳》就是儒、道思想融合的結晶，在以道家思想為核心的玄學思潮影響下，其中的道家思想得到進一步發揮的文化土壤。曹魏時期古文經學的發展和老、莊玄學的興起相結合，使漢代易學轉向了玄學解易的道路。

玄學派易學的代表人物是王弼和韓康伯。王弼易學一方面闡發古文經學解易的學風，另一方面以玄學觀解釋《周易》。王弼易學的總傾向是使易學原理抽象化和邏輯化。就其與科學的關係而論，他在討論言、象、意之間的關係時所提出的「忘象以求意」（《略例·明象》）說，為科學提供了理性主義的哲學支持。

他強調追求現象（象）背後的本質（意）到「忘象」的程度，在「象外求道」就有唯理論的味道了。朱伯崑在其《易學哲學史》中對王弼易學有如下評論：

> 他大講取義說，要求人們探討卦爻象和卦爻辭的義理，一掃漢易中象數派的煩瑣的解易學風，給人們帶來清晰明快、簡煉而意義深遠之

感，特別是取義說，打擊了以讖緯為中心的今文
經學，這在古代學術史上可以說是一次解放。王
弼的取義說，就其理論思維說，是重視《周易》
經傳中的抽象的原則，闡發《繫辭》所說的「其
稱也小，其取類也大」，「其事肆而隱」等觀
點，認為抽象的德性可以概括具體的物象，不能
被卦爻中講的具體物象所迷惑而丟掉其抽象的原
則，表現了其易學的理性主義傾向。

　　韓康伯進一步闡發王弼易學，成為玄學易的另一代表人
物。他注《繫辭傳》，以義理釋《易傳》的概念和範疇，力
圖擺脫占筮和占候之術。他著名的「體神明理」觀，是對王
弼「忘象求意」說的發展。

　　他將《繫辭傳》「神而明之，存乎其人」解釋為「體神
而明之，不假物象，故存乎其人」，強調依靠精神去體認事
物之理，而不必通過物象。在解釋《繫辭傳》「精義入神，
以致用」時他說：「精義，物理之微者也。神寂然不動，感
而遂通，故能乘天下之微，會而通其用也。」這是強調認識
事物之理要靠人的精神去感應和掌握。

　　宋、元時期是幾個政權紛爭的時代，宋、遼、西夏、
金、元交錯對峙。但中國傳統科學技術竟在此期間發展到它
的頂峰。舉世讚譽的三大發明在此時成熟、完善並開始獲得
其重要的應用。許多居世界之首的技術發明和科學發現接踵
而來，特別在數理科學領域的不少成果遙遙領先世界。蘇頌

等人製造的水運儀象臺中就有三項技術居世界第一。秦九韶、李冶、楊輝、朱世杰等一批傑出的數學家所發明的高次方程數值解、天元術、四元術、大衍求一術、垛積術、招差術等早於歐洲同類發明數百年。

在實驗科學方面趙友欣在三層樓中用千餘支臘柱所進行的光學成象實驗，規模之大在當時的世界上是無有可比的。像沈括那樣的有多方面貢獻的全才科學家在當時的世界上也是少有之例。這種科學發達之勢，有其科學自身積累作為進步的基礎，也必有科學外部條件的支持。作為文化背景之一的宋代理學確實提供了發揚科學理性的哲學基礎。

「理性」範疇為北宋理學家程頤和程顥（1032-1085）提出並闡述。程頤說：「凡眼前莫非是物，物物皆有理，如火之所以熱，水之所以寒，至於君臣父子之間皆有理」（《程氏遺書》卷十九）又說：「一草一木皆有理，須是察。」（《宋元學案・伊川學案上》）。

周敦頤講學於廬山，張載講學關中，程頤、程顥和邵雍講學於洛陽，學術不一，各樹旗幟，廣收門徒；南宋有朱熹與陸九淵（1139-1193）學術之爭。這一切都表現了一種學術自由的氣氛，成為理性發展的一種良好的文化環境。

在這樣的一個理性大發展的時代，在許多領域中「術」開始代之為「學」。「數學」從「象數」中分離出來，邵雍提出「物理之學」的概念，作為「仁術」的醫術也被程顥稱為「醫學」（《遺書》卷十二），沈括在闡述樂律時使用了「聲學」（《夢溪筆談》卷六樂律二古樂鍾磬條）。

　　自然研究從「術」向「學」轉變的動力之一，就是宋代的理性實學的學術取向。宋、元科技，特別是數理科學高峰的出現與此有關。

　　明代有鄭和（1371－1435）七次遠航壯舉，營造名聞世界的紫禁城，擴修萬里長城，貫穿南北的大運河經著名工程師白英之手增設了汶水分流和河閘，為治理黃河潘季訓（1521－1595）發明束水攻沙法並著《河防一覽》。特別是在晚明，中國傳統科學技術放出最後一道光彩，在不到百年的期間內出現了五部綜合傳統科技的巨著。

　　李時珍（1518－1593）著《本草綱目》，對本草學進行了一次大綜合。朱載堉著《樂律全書》（1536－1611），對傳統律學進行了綜合。徐光啟（1562－1633）著《農政全書》，對傳統農學進行了大綜合。徐弘祖（1586－1641）著《徐霞客遊記》，對傳統水文地理進行了大綜合。宋應星著《天工開物》，對傳統農業和手工業技術進行了大綜合。

　　造成晚明科技光彩的因素很多，文化的因素為其一。明中葉以降關於「格物致知」的空前大討論與科技密切相關。這時對「格物致知」的理解，由於陽明心學成為時代精神的特徵，因而增加了新的內容。王守仁的心學主「良知良能」，其易學觀主張「良知即易」，謂格物致知「當自求諸心」。明清之際學者方以智受陽明心學影響而提出：「格物之則，即天之則，即心之則。」1901 年，蔡元培（1868－1940）曾把「格物」歸為「歸納法」，把「致知」歸為「演繹法」①。這種比照法無疑已賦予「格物致知」以「心之

則」。近人論及心學於科技方面的作用，貶斥甚多。朱君燦在討論方以智科學哲學思想時提供了另一種見識：

> 宋代理學集大成的朱熹標榜「即物窮理」，力撰《大學格物補傳》，而其學並號朱學，頗重「道學問」之途，但至明代後，朱學已見支離支曼，加之標榜為官學，訴諸八股，學者頗病之，在科技上，物類之分也不是表面觀察即可。這種情況到了王陽明，提出「即心即理」的呼吁。這反映在科學哲學上的便是從「以物格物」的時期到了「以心格物」的時期，或者說自孟子的感官「小體」時期到了心智「大體」的時期。陽明的格竹成病大悟便是一大契機，他悟到徒以感官格物，成天面竹不足以格物，必須心智上想出辦法來，格物方可有成。②

他認為，正是這種以心之「大體」為方法提綱，明代科技才有其輝煌成就。李時珍的本草自然分類法，朱載堉的律學，宋應星的聲學，徐霞客的地形觀察與分析，方以智的光學，皆與此有關。

①《蔡元培論科學技術》，河北科學技術出版社，1985 年，第 3 頁。
②劉君燦：《方以智》，東大圖書公司，1988 年，第 22 頁。

易學與天文

「天文」一詞，不僅出於《繫辭傳》，而且作為中國天文學兩個主要方向的曆法和宇宙論也與易學的某些觀念密切相關。宋王應麟著《六經天文編》對天文易說陳述頗詳。

當代天文學家陳遵媯在其《中國天文學史》中明確提出：「中國古代天文學是在《周易》哲學思潮影響下發展起來的。」①

✖ 易學卦氣說與曆法表示系統

《說卦傳》提出，八卦與四方和季節相配的思想，《繫辭傳》論筮法有「五歲再閏」和「乾之策二百一十六，坤之策百四十有四，凡三百六十策，當期之日」的說法。陳遵媯認為，「五歲再閏」句指五年設置兩個閏月，三百六十策表示一年的口數，六十四卦代替星座。他說這並不表明當時不知道一年的日數是三百六十五又四分之一日和十九年七閏月的方法，而是概略的說法。如果斷定《繫辭傳》為戰國後期的作品，那麼《繫辭傳》的作者不會不知道，因此我們應該換個角度來探討它。《繫辭傳》作者在這裡提出的是一種便於干支記日法的編曆系統。這個系統是每年曆日三百六十天，每月曆日三十天，每五年置閏月一次。

《繫辭傳》作者之所以這樣作，可能是企圖把曆法納入六十四卦系統，用六十四卦的符號系統表示曆法。

　　西漢末年，揚雄作《太玄》，企圖用他的八十一首來表示曆法。他把每首分為九贊，八十一首七百二十九贊，每二贊代表一日，一贊為晝，一贊為夜，共三百六十日半，更加「踦嬴」二贊，表示一年的日數。他還根據他的《太玄》圖把一年季節分為九段，名為九天。他認為他這套：「與泰初曆相應，亦有顓頊之曆焉。」

　　漢代易學家用卦象模擬四時更替和氣候變化的「卦氣說」不僅是易學天文曆法結合的表現，而且對後世的曆法產生了影響，一度被一部分曆法家視為曆法的理論基礎。西漢末劉歆作《三統曆譜》，極力想把曆法建立在易學理論的基礎上。漢以後的許多曆書引卦氣說解釋曆法，如東漢末年的《乾象曆》、北魏的《正光曆》、唐《大衍曆》等。

　　一些著名的天文曆算家，如東漢張衡對卦氣說有所肯定，對《太玄》極為推崇，認為《太玄》之學二百年後必興；唐張遂造「大衍曆」並著《曆本議》，遂成為引卦解說曆法的代表人物。不必多加評論，張衡的「預言」並未出現；對劉歆古人已有批判，認為他「以《春秋》、易象推合其數，蓋傅會之說」②；唐高僧一行（683–727）的《曆本議》也被今人認為是附會《周易》的象數語言③。

①陳遵媯：《中國天文學史》第一冊，上海人民出版社，1980年版，第94頁。
②《新唐書・曆志一》。
③錢寶琮：《從春秋到明末的曆法沿革》，《歷史研究》，1960年第3期。

編製曆法的根據來自天文觀測，絕不是從先驗觀念推論出來的。但是經驗材料需要以一定的理論框架來整理。六十四卦符號系統具有一定的邏輯功能，清王夫之不贊成象數易學，但卻肯定「易可衍曆」。劉歆的工作除了附會之外，還有其追求宇宙和諧、利用六十四卦作為曆法表示系統的合乎理性的種種努力。

一行《曆本議》的主旨也在於闡明以《周易》的概念和符號系統表示曆法。《新唐書‧曆志三上》有關他的那段2100字左右的文字很值得研究。從科學的角度看，它是企圖把演繹法和觀測結合起來。

經過前面我們對易學思維的符號學特徵和科學理性的分析，作為「前科學」的《周易》的演繹體系是不難理解的，因而對於一行把他的曆法命名為「大衍曆」也是不難理解的。雖然其中不乏附會，並且卦氣說作為曆法表示系統的嘗試終未成功，也不應忽視古人的心力追求。

當代已經有人注意到《周易》象數推演的演繹特徵，並認為在宋代為演繹法的應用打開了一道廣闊的認識之門，認為秦九韶的《求一術》、蔣周的《益古》、李文一的《照膽》、劉汝楷的《如各釋鎖》、李德載的《兩儀群英集》、劉大監的《乾坤括囊》等著作都受到它的影響①。

✖宇宙圖象的形成與易學

所謂「圖像」是人們把握經驗的一種邏輯規程。對同一經驗對象，人們可以建立不同的圖象模式。宇宙圖象不具有

唯一性，任何圖象模式都有其文化背景。秦漢時期形成的宇宙圖象模式包括生成模式、結構模式和過程模式，它不僅是天文曆法的宇宙論基礎，而且為中國傳統科學範式的形成提供了關於宇宙的一個概念構架。這些宇宙圖象模式的形成，明顯地與易學相關。

一、生成模式

雖然最簡單的宇宙生成思想源於《老子》書中的「道生一，一生二，二生三，三生萬物」，但《易傳》最早將其模式化為：「易有太極，是生兩儀，兩儀生四象，四象生八卦」。《淮南子·天文訓》對宇宙生成模式的發展在於，給這種邏輯程式增加了不少物理內容：

> 天地未形，馮馮翼翼，洞洞灟灟，故曰太昭。道始於虛霩，虛霩生宇宙，宇宙生元氣，元氣有涯垠。清陽者，薄靡而為天；重濁者，凝滯而為地。清陽之合專易，重濁之凝竭難，故天先成而地後定。
>
> 天地之襲精為陰陽，陰陽之專精為四時，四時之散精為萬物。積陽之熱氣生火，火氣之精者為日。積陰之寒氣為水，水氣之精者為月。日月之淫為精者、為星辰，天受日月星辰，地受水潦

---

①劉戟鋒：《宋代早期哲學對科學發展的影響》，載《科學傳統與文化》，陝西科學技術出版社，1983年。

塵埃。

《易緯‧乾鑿度》論卦爻以宇宙生成為據，其程式更詳盡：

> 　昔者聖人因陰陽，定消息，立乾坤以統天地也。夫有形生於無形，乾坤安從生？故曰有太易，有太初，有太始，有太素也。太易者未見氣也。太初者氣之始也。太始者形之始也。太素者質之始也。氣形質具而未離，故曰渾淪。渾淪者言萬物相渾成而未離。視之不見，聽之不聞，循之不得，故曰易也。易無形畔，易變而為一，一變而為七，七變而為九，九者氣變之究也。乃復變而為一。一者形變之始，清輕者上為天，濁重者下為地。物有始有壯有究，故三畫而成乾。乾坤相併俱生。物有陰陽，因而重之，故六畫而成卦。

《孝經緯‧鈞命訣》把宇宙的早期演化稱為「五運」：

> 　天地未分之前，有太易，有太初，有太始，有太素，有太極，是為五運。形象未分，謂之太易。無氣始萌，謂之太初。氣形之端，謂之太始。形變有質，謂之太素。質形己具，謂之太

極，五氣漸變，謂之五運。

上述諸論皆非出自科學家之口，但科學家張衡在其《靈憲》中的論述也與此類似：

> 太素之前，幽清玄靜，寂寞冥默，不可為象。厥中惟虛，厥外惟無，如是者永久焉。斯謂溟涬，蓋乃道之極也。道根既建，自無生有。太素始萌，萌而未兆，併氣同色，混沌不分。故道志之言云：「有物混成，先天地生。」其氣體固未可得而形，其遲速固未可得而紀也，如是者又永久焉。斯謂龐鴻，蓋乃道之乾也。道乾既育，有物成體。於是元氣剖判，剛柔始分，清濁異位。天成於外，地定於內。天體於陽，故圓以動；地體於陰，故平以靜。動以行施，靜以合化，埴鬱構精，時育庶類。斯謂太元，蓋乃道之實也。

二、結構模式

宇宙結構模式源於秦漢時期形成蓋天說、渾天說和宣夜說等宇宙論。前兩種有明確的天體結構模式。這兩種學說的宇宙結構模式可以概括為「天圓地平」。最早的蓋天說出於周代，它主張「天圓如張蓋，地方如棋局」（《晉書·天文志》）的所謂「天圓地方」說。到春秋時期，孔子的弟子曾

參（約前 505-前 435）對此說提出疑問：「天圓而地方，則是四角之不揜也。」孔子加了一個「道」字，謂「天道曰圓，地道曰方」，將這一有關結構的命題轉換為有關其規律的命題（《大戴禮記·曾參·天圓》）。

秦相呂不韋又對孔子的話作了解釋：「天道圓地道方，聖王法之所以立上下。何以說天道之圓也？精氣一上一下，圓周複雜，無所稽留，故曰天道圓。何以說地道方也？萬物殊類殊形，皆有分職，不能相為，故曰地道方」。（呂氏春秋·季春紀·圓道》）此謂第一次蓋天說。

第二次蓋天說以《周髀》提供的「天象蓋笠，地法覆盤」構形為代表。將這種模式理想化，天和地就是同心又同曲率的兩個半球曲面。可是，在該書中，立圭表測日影長和北極出地高，運用勾股定理計算以確立數學模型，都是基於地平觀念進行的。科學家錢寶琮（1892-1974）曾舉出 10 條數學特徵，其中包含地平假設①。

渾天說，就其天球概念說，可以認為慎到（前 395-前 315）的「天體如彈丸，其勢斜倚（《慎子》）是其萌芽。這裡並不涉及大地形狀問題。惠施（前 370-前 310）的「南方無窮而有窮」及「天之中央，燕之北、越之南」論辨命題，可以推論出大地球形概念。

渾天說流行於漢代，揚雄《新論》記載他同桓譚（前20-前50）在白虎殿廊下討論蓋天與渾天問題。這次討論使揚雄的觀點從蓋天轉為渾天，並提出「難蓋天八事」。揚雄給出的渾天說發展史是：「或問渾天，曰落下閎營之，鮮於

忘人度之，耿中丞象之。」（《法言・重黎》）有關渾天說較為完備的記載出現在張衡的《渾儀注》②中：

> 渾天如雞子。天體圓如彈丸，地如雞中黃，孤居於內，天大而地小，天表裡有水。天之包地，猶殼之裹黃。天地各率氣而立，載水而浮。周天三百六十五度又四分度之一；又中分之，則一百八十二度八分度之五復地上，一百八十二度八分度之五繞地下。故二十八宿，半見半隱。其兩端謂之南北極。……兩極相去一百八十二度半強。天轉如轂之運也，周族無端，其形渾渾，故曰渾天也。

將這種模式理想化，天和地是兩個同心球面。但是，張衡在《靈憲》中論天地生成時所說的「天體於陽，故圓以動；地體於陰，故平以靜」。顯然在大地形狀方面是矛盾的。於是對渾天說中大地形狀問題爭論不已。已有若干著作論證渾天說的結構模式是「天圓地平」說。《靈憲》關於大地形狀為「地平」觀似無疑義③。對於《渾儀注》關於大地形狀的觀點認識尚不一致。對於主地圓說的諸論這裡不論，對於主地平說觀點略加介紹。

李志超和華同旭認為，《渾儀注》也是地平觀，最主要的證據是「周天三百六十五度四分度之一，又中分，則半覆地上，半繞地下」一語，只有平直大地才能均分天球為二

④。宋振海的更廣泛的討論確認，中國古代關於大地形狀的觀點是地平觀⑤。他從地圖技術、大地測量和航海領域的實踐，論證中國古人持地平觀。

關於這兩種結構模式的優劣問題，長期以來多認為蓋天說不如渾天說。薄樹人關於蓋天說的一篇文章結論說，同渾天說相比，蓋天說沒有發展前途。它引起主渾天地平說的金祖孟的反駁，認為蓋天說比渾天說優越⑥。

三、過程模式

過程模式是「五行」系統。它源於「五方」和「五材」兩個概念。在殷虛甲骨文中，殷人把自己居住的地方叫「中商」，周圍叫「東土」、「南土」、「西土」、「北土」，並且東、南、西、北、中「五方」的概念又與春、夏、秋、冬的季風相聯繫。

①錢寶琮：《蓋天說源流考》，載《科學史文集刊》，創刊號，1958年。
②陳久金論證《渾儀注》非張衡所著，當晚出100年。
③如唐如川：《張衡等渾天家的天圓地平觀》（載《科學史集刊》第4輯，1962年）；陳久金：《渾天說的發展歷史新探》（載《科技史文集》，第一輯，上海科學技術出版社，1978年）。
④李志超、華同旭：《論中國古代的大地形狀概念》，《自然辯證法通訊》，第8卷（1986），第2期，第51—55頁。
⑤宋振海：《中國古代傳統地球觀是地平觀》，《自然科學史研究》，第5卷（1986），第1期，第54—60頁。
⑥金祖孟：《三談〈周髀算經〉中的蓋天說》，《自然科學史研究》，第10卷（1991），第2期，第111—119頁。

　　「五材」概念始出西周時期，有幾種類似的說法：「水火者，百姓之所飲食也；金木者，百姓之所興作也；土者，萬物之所資生也，是為人用。」（《尚書·周傳》）、「天生五材，民併用之，廢一不可。」（《左傳·襄公二十七年》）、「故先王以土與金、木、水、火雜，以成百物。」（《國語·鄭語》）。《尚書·洪範》將「五材」概念轉變為「五行」概念：「五行：一曰水，二曰火，三曰木，四曰金，五曰土。水曰潤下，火曰炎上，木曰曲直，金曰從革，土爰稼穡。潤下作咸，炎上作苦，曲直作酸，從革作辛，稼穡作甘。」（《尚書·洪範》）這裡的水、火、木、金、土已不再是五種具體物質材料，它們已具備功能符號的意義。但在這裡它只是作為「功能」要素出現，還不是「過程」要素，因為它們之間的次序關係還沒有被規定。

　　繼《洪範》之後，《禮記·月令》、《呂氏春秋》、《黃帝內經》等著作，在不斷擴大「五行」作為功能符號作用的同時，將其發展成為描述循環過程的一種邏輯規程。人們以水、火、木、金、土作為五個符號，從功能分類視角，提出五氣、五色、五味、五音、五季、五臟、五官等種種對應規則。其中不乏形式主義的牽強附會，但「五行」的功能符號意義在發展這種對應規則的過程被確定下來，其意義畢竟是重大的。

　　「五行」生勝關係提出之後，「五行」就轉變為一個穩定循環過程的五個階段，從而水、火、木、金、土又從功能的要素轉變為過程的要素。

　　關於「五行」生勝次序演變的歷史對本論題並不重要。所以我們的討論直接進入歷史確定下來的生勝關係。相生之序為木生火，火生土，土生金，金生水，水生木，相勝之序為木勝土，土勝水，水勝火，火勝金，金勝木。這是兩個循環過程。如果將「五行」按木、火、土、金、水的順序排列成一個圓環，那麼它們依此序彼相生、間相勝。並且可以用現代數學方法證明，具有生勝兩種循環過程的系統，五行系統是最簡單的系統。過程的這種邏輯規程在數學上是非常完美的，儘管具體運用的許多歷史案例是極不科學的。

　　其與易學的關係，表現在「五行」與「易卦」相結合的種種模式。這樣的模式首先由京房提出。《易傳》中並沒有引進「五行」概念，只到天地數貴五的程度。京房以「生吉凶之義，始於五行，終於八卦」為出發點，提出五行爻位說。此說的基本精神是「八卦分陰陽，六爻配五行」。其具體規則，八宮卦配五行本《說卦傳》，而爻位配五行，則本《禮記・月令》。

　　在《說卦傳》中有乾為金、坤為地、震為敷、巽為木、坎為水、離為火、艮為山、兌為剛之說。京房將地和山改為土，附意為草木開花之象故改為木，而剛改為金，完成八卦與五行的配伍。

　　《禮記・月令》有五行配四季十二月說，春為木、夏為火、秋為金、冬為水，土散配四季之中：

| 正月 , 寅 , 木 | | 七月 , 申 , 金 |

二月	卯	木		八月	酉	金
三月	辰	土		九月	戌	土
四月	巳	火		十月	亥	水
五月	午	火		十一月	子	水
六月	未	土		十二月	丑	土

京房依此，並按陽爻配陽支、陰爻配陰支，完成八卦各爻的五行配伍。朱伯崑將其配伍結果繪為圖30所示。

	兌金	艮土	離火	坎水	巽木	震木	坤土	乾金
上爻	土	木	火	水	木	土	金	土
五爻	金	水	土	土	火	金	水	金
四爻	水	土	金	金	火	火	土	火
三爻	土	金	水	火	金	土	木	土
二爻	木	火	土	土	水	木	火	木
初爻	火	土	木	木	土	水	土	水

圖30 京房五行六位圖

易學與數學

易學與數學的關係包括以數學治易學和易學治數學兩個方面。由於篇幅的限制，本節重在闡述易學對數學發展之影響，像朱熹的大衍數勾股解之類不擬介紹。甚至，有關易學比類方法對數學的影響，由於第一章「比類論」中已有所討

論，其中涉及沈括、賈憲、楊輝、朱世杰等人數學研究的那些在我的《易學科學史綱》已有介紹，這裡也不討論。

我們這裡只討論易學與數學範式的形成、易學數學派與科學的數學、筮法的同餘結構與大衍求一術三個問題。

✖易學與數學範式的形成

大約成書於西漢時期的《周髀算經》和《九章算術》中的數學思想在很大程度上確定了中國傳統數學的範式。雖說這兩部書都將算術的遠源推及相傳畫八卦的包犧氏未必真實，但其中作為其數學範式基礎的思想確有《周易》的影響。對於中國數學範式的形成，人們多把注意力集中在《九章算術》，唯新近出版的劉振修的《〈周易〉與中國古代數學》（1993年）對《周髀算經》予以了充分的注意。

一、《周髀算經》圓方論

《周髀算經》雖說主要是一部闡明蓋天說和四分曆的天文學著作，但該書最早引用勾股定理和提出「數之法出於方圓」的論斷。而這種「圓方論」，不僅是中國幾何學的開端，而且引出了從圓方到勾股定理，再到割圓術乃至尖錐術，這樣一條明顯有別於西方的數學發展道路。

《周髀算經》原作者無確考，大概非一人之作。漢靈帝時蔡邕於朔方上書、《隋書·經籍志》和《唐書·藝文志》中言及此一書及其注家三國吳人趙爽、北魏甄鸞。唐李淳風（602–670）在選編數學課本時重注，將其列為「十部算經」之第一部，並給它以《周髀算經》之名。近人錢寶琮所

撰《周髀算經考》提供了該書之流傳注疏情況。

《周髀算經》書之首章言昔周公與商高對話。周公問：「竊聞代夫善數也，請問古者包犧氏立周天曆度，夫天不可階而升，地不可得尺寸而度。請問數安從出？」商高答：「數之法出於圓方，圓出於方，方出於矩，矩出於九九八十一。故折以為勾廣三，股修四，徑隅五。既方其外半其一矩，環而共盤得成三四五。」趙爽對此有注釋如下：

> 圓徑一而周三，方徑一而匝四。伸圓之周而為勾，展方之匝而為股共結一角，斜適弦五。此圓方斜徑相通之率。故曰「數之法出於方圓」。圓方者天地之形，陰陽之數。然則周公之所問天地也，是以商高陳圓方之形，以見其象，因奇偶之數，以制其法。所謂言約旨遠，微妙幽通矣。

趙爽這段話有兩個要點。第一他以單位直徑的圓周三和單位邊長的正方形周長四，分別為勾和股而成兩直角邊，其斜邊恰為弦五，對勾三股四弦五的勾股弦定理給出解釋。第二圓周率取近似值三，顯然是出於圓方配陰陽、奇偶。

不妨再看他的進一步說明：「物有圓方，數有奇偶。天動為圓，其數奇。地靜為方，其數偶。此配因陽之義非實天地之體也。」圓周率取三固不精確，但畢竟在整數範圍內，借陰陽原理建立了形與數的比率關係。勾股定理依圓方論而為出發點得以發展。

　　從南北朝時期的劉徽到清代的李善蘭（1811-1882），「數之法出於圓方」這一思想在數學的種種實踐中，結出豐碩成果。劉徽注《九章算術》亦遵循陰陽原理，「觀陰陽之割列，總算術之根源」，不光許多圓方問題從平面發展到立體，其計算多運用分解圓方。他的著名的「割圓術」，在圓內作內接正多邊形及借助勾股定理的相關計算，實為分解圓方術的第一次成功的發展。

　　劉徽運用他的割圓術，經由圓的內接正 192 邊形的計算，把圓周率的精度提高到相當 π = 3.1416。祖沖之著《綴術》，其書失傳，但他的相當 π =3.1415926 當這樣七位小數的圓周率計算結果，因它書援引而被保存下來，其法被推測當為劉徽的「割圓術」。若果為此法，獲得的如此高之密率要計算圓的內接正 614412288 邊形。

　　印度人伏拉罕密希拉（Varāha - Mmihira）很可能說受劉徽割圓術的啟發而創製正弦表①。北宋沈括的「會圓術」把圓方論引到求圓弧長。郭守敬（1231-1316）等人將其法用於天文測量。稍後有趙友欽以正 16384 邊形割圓，是劉徽思想的繼續。李冶（1129-1279）的《測圓海鏡》（1248 年）沿分解圓方發展到求直角三角形的內接圓。

　　梅文鼎（1633-1721）著《方圓冪積說》（1710 年），系統地討論了：⑴方中容圓、圓中容方，方邊與圓徑之比，方面積與圓面積之比；⑵立方容球、球中容立方，立方邊與球徑之比，立方體積與球體積之比；⑶方圓面積相等，方邊與圓徑之比，方周與圓周之比；⑷球面積與外切圓柱面積之

比；(5)截球體的表面積與它的體積。

李善蘭著《方圓幽秘》（1845 年）闡述他的尖錐求積術，依分解圓方走向「微積分」。

圓方論的數學比率特徵也被用於律曆研究。「三分損益」定律法之損益比的數學根據就是來自方圓相容圖。對此我的《圓方奧秘：易學與科學的互動》已有專門的討論。明朱載堉創十二平均律本圓方論。他在為進呈他的律學著作《律律學新說》（1584 年）和《律呂精義》（1596 年）所寫的《上神宗表》（1606 年）中說：

> 新法算律與方圓，用勾股術，其法本諸《周禮》「栗氏為量，內方尺而圓其外」。夫內方尺而圓其外，則圓徑與方斜同，知方之斜，即知圓之徑矣。方邊即黃鍾，圓徑徑即蕤賓，由蕤賓可生南呂，由南呂可生應鍾，則始終循環，諸律皆可相生，安有往而不反之理哉。

方圓論是他的造律的重要的數學指導思想和數學工具。在其《律呂精義》中他利用方圓相容的方圓比率關係定律管的圍徑，還給出密率源流圖。

稍後黃道周（1585-1646）著《易象正》，其中繪有「天方圖」，一個 19 層的方圓相函圖。他說：「凡詩春

①錢寶琮：《中國數學史》，第 112 頁，科學出版社，1964 年。

秋，刓方刌圓之氣朔，外盈內虛之分，黃赤南斜北眙倚之
度，日月交會沖食之故，皆備於天方圖。天方圖無言語文
字，而自有圖象以來，言語文字皆從此出。圍徑積實，方田
圭黍，弦弧面冪，勾股周髀，皆以天經易緯相為表理。」他
還提出天方圖為「三分損益之所從出也，道未有出於三分損
益者也」。更具體指出生律法與方圓相函幾何之關係是清人
李光地。他說：「方之內圓，必得外圓之半，其外圓必得內
圓之倍；圓之內方，必得外方之半，其外方亦必得內方之
倍。律之上生，為下生之倍，下生為上生之半，其理一
也。」其後有徐養原著《律呂新義》，因李氏說推出圓冪或
方冪的倍半，以擴充其義，並繪 11 層方圓相函圖，以示
「方圓相函，而冪積相因，方與方應，圓與圓應，造化自然
之法如此，聲律亦猶是也」。江永在其《河洛精蘊》中復為
闡發。當代音樂家吳南薰所著《律學會通》（1964 年），
經核驗而對此一一加以肯定。

二、《九章》範式

《九章算術》對中國傳統數學範式的形成影響極大。該
書非一人一時之作，內容包括方田、粟米、衰分、少廣、商
功、均輸、盈不足、方程、勾股九章，共 246 題。囊括了現
今初等數學中算術、代數和幾何的大部分內容。

東漢時馬融、鄭玄等讀過這部書，光和二年被朝廷定為
校核度量衡的依據。魏晉人劉徽為之作注，唐李淳風再釋。
唐設算學博士，《九章算術》被列為教科書，宋承唐制，也
規定其為必修科目之一。後世數學著作多宗《九章算術》體

例，唐王孝通（活動於 6–7 世紀之交）的《輯古算經》、宋楊輝的《詳解九章算法》、明吳敬（15 世紀）的《九章算法比類大全》和程大位（1533–1606）的《直指算法統宗》、清屈曾發的《九數通考》和顧觀光（1799–1862）的《九數存古》等，多與《九章算術》有「血緣」關係。隋唐時期還流傳到朝鮮和日本。

自 20 世紀以來，世界上不少數學史家將其作為研究對象。在日本、原蘇聯和歐美都出版有研究著作。歷史研究表明《九章算術》中有關分數、比例和正負數的概念和運算早印度 800 年，早歐洲千餘年，在世界數學史上有重要地位。

吳文俊在其為《〈九章算術〉與劉徽》所作的序文中稱：

> 《九章算術》是我國數學方面流傳至今最早也是最重要的一部經典著作。它承前啟後，一方面，總結了秦漢以前的數學成就，另一方面又成為漢代以來達兩千年之久數學研究與創造的源泉。特別是三國時期魏劉徽的《九章注》，對數學理論多所闡發，影響深遠。總之，《九章算術》與劉徽《九章注》，對數學發展在歷史上的崇高地位，足可與古希臘《歐基米得幾何原本》東西輝映，各具特色①。

根據數學史家們的研究，《九章算術》所確立的中國數

學範式可以歸結為三方面：一從實際問題出發，發明解決問題的方法數學觀②，二以計算為中心形數結合的數學理論體系③，三「析理以辭，解體用圖」邏輯與直觀結合的數學推理方法④。《九章算術》的範式與《歐基米得幾何原本》範式相比，旨異途殊。

探討《九章算術》及其所確立的數學範式形成的易學影響，最直接的材料是劉徽《九章算術注》原序。劉徽生平不詳。《晉書·律曆志》和《隋書·律曆志》都只記載其「魏陳留王景元四年（263 年），注《九章》……」，宋刻本《九章算術》題「魏劉徽」。關於籍貫，《宋史》卷一〇五記封爵事，有「封……劉徽淄鄉男」語。近人考證確認他是漢文帝劉恆之子梁孝王劉武五世孫菑鄉侯劉就的後人⑤。

劉徽著《九章算術注》及《重差》和《九章重差圖》各一卷，《九章重差圖》已佚。《重差》原作為第十章附於《九章算術注》，後以《海島算經》單行。

《九章算術注》九卷，論證了《九章》的公式解法，發展了出入相補原理、積面積原理、齊同原理和率的概念，在圓面積公式和錐體體積公式證明中引入了無窮小分割和極限思想，首創求圓周率的正確方法，指出並糾正了《九章》的某些不精確的或錯誤的公式，創造了解線性方程的互乘相消法與方程新術，用十進分數逼近無理根的近似值等，使用了大量的類比、歸納推理和演繹推理⑥。

劉徽的思想與易學的某種聯繫，可從其《九章算術注》序中窺見一斑。序中的下述兩段話直接言及易學：

　　昔者包犧氏始畫八卦，以通神明之德，以類
萬物之情，作九九之術以合六爻之變。暨於黃帝
神而化之，引而申之，於是建曆紀，協律呂，用
稽道原，然後兩儀四象精微之氣可得而效焉。記
稱隸首作數，其詳未之聞也。按周公制禮而有九
數，九數之流，則《九章》是矣。

　　徽幼習《九章》，長再詳覽。觀陰陽之割
裂，總算術之根源，探－之暇，遂悟其意。是以
敢揭頑魯，採其所見，為之作注。

　第一段是說數學的起源與八卦的關係，第二段說他受易
學陰陽原理之啟迪而作《九章》注。他的著名論斷「析理以
辭，解體用圖」，也是根源於易學。《易傳》中多處論及
象、數、理的關係。劉徽的研究對象是「數」，他的「析理

①載《〈九章算術〉與劉徽》，吳文俊主編，北京師範大學出版
　社，1982 年，第 1 頁。
②杜石然等編著：《中國科學技術史稿》，止冊，科學出版社，
　1984 年，第 185 頁。
③李繼閔：略論《九章算術》理論體系之特色，吳文俊主編
　《〈九章算術〉與劉徽》，北京師範大學出版社，1982 年，第
　51—57 頁。
④李迪：劉徽的數學推理方法，吳文俊主編《〈九章算術〉與劉
　徽，北京師範大學出版社，1982 年，第 95—119 頁。
⑤郭書春：《劉徽祖籍考》，《自然辯證法通訊》，第 14 卷
　（1992），第 3 期，第 60—63 頁。
⑥郭書春：《中國古代數學》，山東教育出版社，1991 年。

以辭，解體用圖」之說就是依據這種關係，用「理」和「象」（圖）去研究數學。他首創割圓術以計算圓周率，算出圓內接正 192 邊形面積，從而求得圓周率的近似值 $\pi \approx$ 3927／1250（合 3.1416）。

在直線型圖形面積積求法中，他廣泛採用出入相補原理；在直線型體積求法中，以三種基本幾何體為基礎推導其他算法；對圓形面積他以割圓術為基礎，附以截割原理論證；對勾股、測望問題借勾股原理、相似性質導出生差理論。在算法方面，他以約分術為基礎，借不失不率原理，將齊同術理論化，並作為理論基礎應用於衰分術、少廣術、均輸術、盈不足術、方程術等算法領域，使算法理論化，其中「率」的概念成一切算法的核心。

以往的數學由於受荀子關於概念「約定速成」思想的影響多無明確定義。劉徽的《九章》注克服了這類缺點，恢復了在秦漢時期截斷的《墨經》的數學理論方向，開闢了數學理論化的新道路。

✖ 易學數學派與科學的數學

漢代象數學至宋代分裂為數學和象學兩支。宋王偁著《東都事略・儒學傳》，稱「陳摶讀易，以數學授穆修，以象學授種放」。穆修傳李之才，李之才再傳邵雍，這就是易學數學派的起源。易學數學派是從「數」的角度研究易學的群體，邵雍為其代表。邵雍同代人，稍少於邵雍的程頤曾說：「堯夫欲傳數學於其兄弟，其兄弟那得功夫，要學須是

二十年工夫。」（《宋元學案・百源學案》引）

　　易學數學派的產生是易學與算學互動的表現之一。但它已是第二次互動。第一次互動的集中表現是劉歆以易數附會曆律。他說：「大衍之數五十，其用四十九」，「推曆生律製器，規圓矩方」，「莫不用焉」。這第二次互動是從「象」與「數」的關係之爭而導致的對數的形上研究。

　　漢代的象數學主要研究卦象，創造了許多卦變方法，增添了易卦的許多象徵意義，把卦氣說作為一種形式系統強加在當時流行的「天人感應」論的世界圖式上。魏晉時期玄學派的易學成為易學的主流，其代表人物注重義理的闡發，主張「忘象以求意」。這也是漢代象數學多形式而少內容的特徵為其提供了「反動」的理由。

　　宋代重建象數學時，以「數生象」的形上觀為指導原理發展出數學派，而以「象生數」為指導原理則導致象學派的形成。這兩派雖在數的形上觀上針鋒相對，但因前者把象看作數和理的仲介，而後者把數看作理和象和仲介，都是兼及象、理和數的。在這種意義上，宋代象數學派兼容了魏晉義理學派的某些合理因素。

　　易學數學派的代表邵雍對卦象本身研究不多，主要是在前人的成果基礎上，創造了一個以「先天圖」為名的新卦序，並以此為出發點闡發他的「皇極經世」世界體系。

　　太極為一；天地為二；天之陰陽與地之剛柔合而為四；四分為八則為日月星辰水火土石；天之日月星辰又生出寒暑晝夜，地之水火土石又生出雨風露霜；寒暑晝夜變化萬物的

性情形體，雨風露雷化育走飛草木，從而衍生出萬物之類。日月星辰可排列出日日、日月、日星、日辰、月日、月月、月星、月辰、星日、星月、星辰·辰曰、辰月、辰星、辰辰。從水火土石至走飛草木，也都可依法衍生新類。

　　他還按照日日之物即飛飛之物即性性之物，直至辰辰之物即草草之物即體體之物的對應關係，區分動植物。除就事物的形質分類之外，他還依干支數規定陽數為 10 和陰數為 12，剛柔與陰陽相應，其賦值也相同。陽剛和陰柔各有太少，它們各自的合數 40 和 48 分別被稱其為小體數。陽剛之數 40×4＝160 為陽剛大體數，陰柔之數 48×4＝192 為陰柔大體數。大體數減小體數，分別得陽剛用數 112 和陰柔用數 152。兩大體數相乘為 17024，稱為動數或植數。其自乘或稱動植數之積 289816576 為動植通數。

　　這樣衍生一直到人事。他把人分為士農工商，而人之性分為仁義禮智，經排列組合而形成從士士之人到商商之人，從仁仁之性到智智之性。這樣一個從太極到人事的大系統的一個歷史循環叫一元，一元十二會，一會三十運，一運十二世，一世三十年，共 129600 年。

　　在邵雍的這個世界體系中，卦象的作用居次要地位，數是第一位的，其數學本質在於它是二項式的無限次展開，並且與太衍筮法的衍卦模式是一致的。

　　邵雍的數學在其後學者手裡有一個分叉的發展，猶如被這易學數學本身所蘊含的「一分為二」原理所支配。一支走向術數，張行成、祝泌等人為其代表。另一支則併入算學並

使之獲得「數學」之名。邵雍學出李之才，李氏併通易學和曆算，他實際上領導了一個包括劉羲叟和邵雍在內的一個準算家團體①。

邵雍的數學對算學發展的影響不可小看。據《金史·麻九疇傳》記載，麻九疇就是經由《皇極經世書》而走向算學之路的。又據《金史·劉秉忠傳》記載，精於《皇極經世書》的劉秉忠團結了包括歷史上著名曆算家王恂、郭守敬、張文謙在內的一批算學家。再據《元史·隱逸傳》記載杜瑛和楊恭懿極推崇邵雍的數學。前者著有《皇極引用》、《皇極疑事》、《極學》、《律曆禮樂雜志》，後者也精於曆算並自造過曆法。

在金元之際，不少曆算家受到《皇極經世書》的影響，包括在中國數學史上占有重要地位的李冶和秦九韶。李冶在其有關著作中對邵雍多所稱贊。秦九韶「嘗從隱君子學數學」（《數書九章》序），這「隱君子」可能是邵雍的後學。算學家們使用「數學」肇始於榮棨。他在 1148 年（紹興十八年）《黃帝九章》序中使用了「數學」二字，而秦九韶則以「數學」入書名。

按秦九韶自序，其書寫成於宋理宗淳祐七年（1247年）。1842 年首次刊刻題名《數書九章》，但考察其前近600 年的傳抄史，發現尚有《數術大略》、《數學大略》和《數學九章》之名。宋代文獻中，秦九韶同代人陳振孫在其

①李申：《周易之河說解》，知識出版社，1992 年。

《直齋書孫解題》卷十二「象緯類」中有「《數術大略》九
卷」，「魯郡秦九韶道古撰」，而元初成書的周密著作《癸
辛雜識續集》卷下「秦九韶傳」中有「所述《數學大略》」
語。其後有關記載，在《永樂大典》（1403－1408）中名為
《數學九章》，北京《文淵閣書目》（1441 年）記為《數
學九章》，葉盛（1420－1474）《菉竹堂書目》卷五記《數
學九章》，趙美琦（1563－1624）藏本為錄王應麟萬曆抄本
《數書九章》，錢謙益（1582－1664）《絳雲樓書目》卷二
記《數學九章》，清初錢曾（1629－1710）《也是圓書目》
卷一記《數書九章》，《四庫全書》（1773－1781）輯永樂
本名《數學九章》。

　　秦氏書流傳六個世紀，書名四出，何為原名至今難斷。
但「數學」一詞在秦九韶後始代替算學，逐漸流傳。明代顧
應祥在其《測圓海鏡分類釋術》序中多次述及「余自幼好學
數學」。明代又有以「數學」為名的書，如柯尚遷的《數學
通軌》（1578 年）和李篤培（1575－1631）的《中西數學圖
說》（1631 年）。清初又有杜知耕的《數學鑰》（1681
年）。這些足以表明易學的「數學」與科學的數學接軌的漸
進過程。

　　現在我們回過頭來討論宋代的數理哲學。宋代三派易學
家關於數與象、數與理、數與物或氣的討論，發展了數理哲
學。劉牧的河洛之學，在象與數的關係問題上，提出象由數
設的主張：「夫卦者，天垂自然之象也。聖人始得之於河圖
洛書，遂觀天地奇偶之數，從而畫之，是成八卦，則非率意

以畫其數也。」

　　劉牧的這番話顯然是對《繫辭傳》中「極其數遂定天下之象」的一種發揮。他把針對揲蓍求卦所說的這番話，解釋成依河圖洛書之數畫八卦。實際上，劉牧持有一種「有數而後有象」的世界觀：「天地之極數五十有五之謂也。遂定天下之象者，天地之數始定，則象從而定也。」

　　朱伯崑對劉牧的河洛學說作出如下評論：

　　　　在劉牧看來，天地之數，大衍之數和五行生成之數都表現在河圖洛書的圖式中，其數目的排列和組合，便得出四象和八卦，數的變化決定卦象的形式。由此認為，其河洛圖式，不僅包括陰陽二氣變化的法則，也包括五行生成的法則，不僅包括方位，還包括時間的過程，天地萬物的變化都具備此圖式中，所謂「生萬物焉，殺萬物焉」。這樣，其河圖、洛書則成了世界形成和變化的模式。由於這一世界模式的結構出於天奇地偶之數的排列組合，其在哲學上必然導出數為天地萬物本原的結論。①

　　而劉牧的同代人李覯則全盤否定他的河洛之學，特別反

---

①朱伯崑：《易學哲學史》中冊，北京大學出版社，1988年，第45頁。

對象出於數的觀點。他主張有氣而後有象，象和數依賴於氣。在他看來，奇偶之數只是陰陽二氣的象徵：

> 古者包犧氏之王天下也，仰則觀象於天，俯則觀法於地，觀鳥獸之文與地之宜，近取諸身，遠取諸物，是不專決於圖書，參互而後超之者也。聖人既按河圖有八方，將以八卦位焉。洛書有五行，將以八卦象焉。於是觀陰陽而設奇偶二畫，觀天地人而設上中下三位。純陽為乾，取致健也。純陰為坤，取至順也。一陽處二陰之下，剛不能屬於柔，以動出而為震。一陰處二陽之下，柔不能犯於剛，以入作而為巽。……（《刪定易圖序論》）

李覯對劉牧河洛學說的批評揭開了宋易象數之爭的序幕。邵雍把象數派的數學觀同理聯繫起來，正如程頤所說，「至堯夫推數方及理」（《遺書》卷十八）。邵雍以理解數，主張「理數」，即數是有理的。在他看來，理與數是統一的，且同出自聖人之心：「君子於易，玩象，玩數，玩辭，玩意。象起於形，數起於質，名起於言，意起於用。有意必有言，有言必有象，有象必有數。數立則象生，象生則言彰，言彰則意顯。象數則筌蹄也，言意則魚兔也。得魚兔而忘筌蹄則可也。舍筌蹄而求魚兔，則未見其得也。」（《皇極經世書・觀物外篇》）

　　程頤對邵雍的數學不感興趣，曾說「某與堯夫同里巷居三十年餘，世間無所不論，惟未嘗一字及數耳」（《外書》十二）。對於象與數的關係，他主張「有象而後有數」（《簽張閎中書》）；對於理氣與數的關係，他主張「有理則有氣，有氣則有數。行鬼神者，數也。數，氣之用」（《易說・繫辭》）。程頤與邵雍曾經有一次有趣的辯論：

　　　　邵堯夫謂程子曰，子雖聰明，然天下之事亦眾矣，子能盡知邪？子曰天下之事，某所不知者固多，然堯夫所謂不知者何事？是時雷起。堯夫曰子知雷起處乎？子曰某知之，堯夫不知也。堯夫愕然曰何謂也？子曰始知之，安用數推也？以其不知，故待推而後知。堯夫曰子以為起於何處？子曰起於起處。堯夫瞿然稱善。（《遺書》二十一）

　　南宋象數派之朱震（1072－1138）受理、氣派的影響，把氣、象置於第一位，主張有氣而後有象，有象而後有數。而從吸收象數學的義理派易學家中，反而衍生出象數學的闡發者。其中闡發邵雍數學的是蔡氏父子。蔡元定在其《經世指要》中說：「蓋超乎形器，非數之能及矣。雖然，是亦數也。伊川先生曰：數學至康節方及理。康節之數，先生未之學，至其本原，則亦不出乎先生之說矣。」蔡元定的學問近邵雍，《西山蔡氏學案》引唐氏語可以為：「孔孟教人，言

理不言數。邵蔡二子欲發諸子所未發，而使理與數燦然於天地之間，其亦不細矣。」

蔡元定有子蔡淵和蔡沈皆通易學，前者承朱熹義理，後者繼父之學。蔡沈著《洪範皇極》，將「數」和「理」統一起來，以數解理，發展河洛之學，探索宇宙之數理法則。他極推崇數，認為「聖人因理以著數，天下因數以明理」，對數與物、數與理作出詳細論述：

嗟夫！天地之所以肇者數也，人物之所以生者數也，萬物之所以得失者數也，數之體著於形，數之用妙乎理，非窮神知化獨立物表者，曷足以與此哉！（《洪範皇極序》）

物有其則，數者盡天下之物則也。事有其理，數盡天下事理也。得乎數，則物之則，事之理，無不在焉。不明乎數，不明乎善也。不誠乎數，不誠乎身也。故靜則察乎數之常，而天下之故無不通。動則達乎數之變，則天下之幾無不獲。（《洪範皇極‧內篇》）

有理斯有氣，氣著而理隱。有氣斯有形，形著而氣隱。人知形之數，而不知氣之數。人知氣之數，而不知理之數。知理之數則幾矣。動靜可求其端，陰陽可求之始，天地可求其初，萬物可求其化，鬼神知其所幽，禮樂知其所著，生知所未，死知所去。易曰窮神知化，德之盛也。

（《洪範皇極・內篇》）

對於易學家的用以推演造化的數理哲學，許多科學家頗感興趣。沈括曾在其《夢溪筆談》卷七「象數」中談及推往古興衰運曆之法，「西都邵雍亦知大略……終不知其何術」而「常恨不能盡得其法」。清王植《皇極經世直解》說及邵雍數學，贊邵子以前知著稱，其數學之詳不傳，而推萬物之大略已具（《觀物外篇・十二》注）。我們在討論秦九韶數學觀時，似應對「又嘗從隱君子學數學」高度重視。這裡的「數學」無疑當為易學之「數學」。聯繫序文中之「大衍皇極」之話，我們有理由猜測秦九韶讀過《皇極經世書》，進而可以推論其書可能原題《數學大略》。

✖ 筮法的同餘結構與大衍求一術

同餘式屬於現代數論，它是關於數的可除性的一種理論。

定義：命 m 為一自然數，若（a−b）為 m 之倍數，則稱 a , b 為對模 m 同餘，記作

$$a \equiv b \ (\mathrm{mod} m)$$

意即 a−b＝mK，K 為一整數。

若 a−b 不為 m 之倍數，則稱 a , b 為對模 m 不同餘，記為

$$a \neq b \ (\mathrm{mod} m)$$

在中國歷史上，同餘式問題首先在曆法上元積年的計算

中出現。上元積年 N 的計算由於下列同餘式決定

$$aN \equiv R_1 \ (\bmod 60) \equiv R_2 \ (\bmod b)$$

其中 a 為回歸年日數，b 為朔望月日數，60 為干支周期，R_1 為本年冬至距甲子日零時的日數，R_2 為冬至距十一月平朔的日數。

　　同餘式問題作為正式的數學問題出現在《孫子算經》中。《孫子算經》中有一題曰「今有物不知其數。三、三數之，剩二；五、五數之，剩三；七、七數之，剩二。問物幾何？」用現代同餘式理論寫出來就是

$$N \equiv 2 \ (\bmod 3) \equiv 3 \ (\bmod 5) \equiv 2 \ (\bmod 7)$$

它的一般形式是

$$N \equiv R_i \ (\bmod m_i)$$

　　《孫子算經》只是給出這個具體問題的解法，沒有提出一般原理。術曰：「三、三數之，剩二，置一百四十；五、五數之，剩三，置六十三；七、七數之，剩二，置三十。併之，得二百三十三。以二百一十減之，即得。凡三、三數之剩一，則置七十；五、五數之剩一，則置二十一；七凄數之，則置十五。一百六以上，以一百五減之，即得。」

　　明代程大位的《算法統宗》（1593 年）把這種解法編成一首歌：

三人同行七十稀，

五樹梅花廿一枝，

七子團圓整半月，

　　除百零五便得知。

　　以上所述與易學無關，下面的討論才是本節的中心。南宋數學家秦九韶發現筮法的同餘結構，找到同餘式問題的遠源，提出一次同餘式解法「大衍求一術」。大衍求一術所列各類問題，都可歸結為 $N \equiv R_i \, (\bmod m_i)$ 之類的同餘式問題。下面我們先分析筮法，然後討論它的同餘結構。

一、周易筮法

　　占筮是一種決疑活動。在《繫辭上傳》中，有一段說明占筮方法的文字：

　　　　天一，地二，天三，地四，天五，地六，天七，地八，天九，地十。天數五，地數五，五位相得而各有合。天數二十有五，地數三十，凡天地之數五十有五，此所以成變化而行鬼神也。大衍之數五十，其用四十九。分而為二以象兩，掛一以象三，揲之以四以象四時；歸奇於扐以象閏，五歲再閏，故再扐而後卦。乾之策二百一十有六，坤之策百四十有四，凡三百有六十。當期之日。二篇之策，萬有一千五百二十，當萬物之數也。是故四營而成《易》，十有八變而成卦，八卦而小成。引而申之，觸類而長之，天下之能事畢矣。

　　根據歷來對《周易》筮法的考察，我們在這裡作一概述，作為後面對它進行數學分析的基礎。筮法分「成卦法」和「變卦法」以及「釋卦法」。我們先依朱熹《易學啟蒙》的定式分析，與此不同的秦九韶在其《數書九章》中所述的演法待後再論。

1. 成卦法

　　所謂成卦法，實質上是經由數學變演決定陰陽爻。將五十根蓍草取出一根不用，其餘四十九根名為「用策」。「用策」經三變二十一演決定一爻，十八變得六爻而成卦。

　　第一變

　　第一演　將「用策」四十九任意分為 a、b 兩部分，簡稱「分二」。

　　第二演　從 a 部取出一策，即「掛一」。

　　第三演　將 a－1 策四、四數之，即「揲之以四」，簡稱「揲四」。

　　第四演　取出第三演之餘策，或一，或二，或三，或四，「歸奇於扐」，簡稱「歸奇」。

　　第五演　將 b 部四、四數之，亦即「揲四」。

　　第六演　取出第五演之餘策，即「歸奇」。

　　第七演　將第二演、第四演、第六演取出之策（一掛二扐之策）合在一起（非五即九）棄之不用，亦為「歸奇」。其餘之策合在一起（非四十四即四十）以備下一變用。

　　第二變

　　第八演　如第一演。

第九演　　　如第二演。

第十演　　　如第三演。

第十一演　　如第四演。

第十二演　　如第五演。

第十三演　　如第六演。

第十四演　　如第七演。

　　第二變棄去之策非四即八，餘下備用之策或四十，或三十六，或三十二。

　　第三變

第十五演　　如第一演。

第十六演　　如第二演。

第十七演　　如第三演。

第十八演　　如第四演。

第十九演　　如第五演。

第二十演　　如第六演。

第二十一演　如第七演。

　　第三變棄去之策非四即八，所餘之策或三十六，或三十二，或二十八，或二十四。

　　第三變結果的四種可能的策數分別是四的九、八、七、六倍。九、八、七、六這四個數稱之為「四營數」。三變畢若得營數九、七，則成陽爻，九為老陽，七為少陽；若得營數八、六則成陰爻，八為少陰，六為老陰。於是初爻成。二、三、四、五、上各爻皆依成初爻之法，各經三變二十一演而得。六爻具得而成卦。每卦六爻，每爻需經三變，故得

成一卦需經十八變。

2. 變卦法

在筮法中經十八變所成之卦稱為「本卦」，所變之卦稱為「之卦」。任何屬於六十四卦系本卦的之卦都不出六十四卦，必為其中之一。

每一本卦都有六種可能的變卦。筮法中的變卦在於求得宜變之爻，以確定之卦。高亨通過研究認為，確定之卦要用到天地之數。當演求本卦時，還要記下每爻的營數，以便計算本卦的營數。因為每爻的營數或九、或八、或七、或六，所以卦的營數，即各爻營數之和，最大者是六個九之和，五十四；最小者是六個六之和，三十六；其他必居五十四和三十六之間。求宜變之爻的方法，按高亨的研究①，就是將本卦的營數加上卦之爻序，使之等地之數五十五。具休做法是，首先以五十五減去本卦之營數得其餘數，然後自初爻數至上爻再從上爻數至初爻，如此往復數至餘數盡為止，所止之爻即為宜變之爻。所遇宜變之爻為九則變六，為六則變九，遇七、八不變。

3.釋卦法

遇不變之卦，以本卦卦辭釋之；遇可變之卦，一般以本卦變爻爻辭釋之。但有例外，如本卦六爻皆為九、六則稱之為「全變卦」，如本卦六爻皆為七、八則稱之為「不變

①高亨：《周易古經今注》（重訂本），中華書局，1984 年，第145 頁。

卦」。全變卦乾卦以「用九」釋之，坤卦以「用六」釋之，
其他全變卦以之卦卦辭釋之。看不出這些釋卦規則有何數學
意義，故不贅述。

二、筮法的同餘結構

《周易》成卦方法的機巧在於，將五十策蓍草三變二十
一演而必然得下列四種可能策數之一：

$$4 \times 9 = 36$$
$$4 \times 8 = 32$$
$$4 \times 7 = 28$$
$$4 \times 6 = 24$$

非經精密的數學計算或反覆試驗，不可能得到如此機巧
之構思。這種機巧，從數論來看正是同餘式理論的思想。

成卦法程序的一般數學形式如下：

衍數五十記為 N，用數四十九記為 N_{-1}，並令 $N_1 = N_{-1}$。

第一變

「分二」表為 $N_1 = a_1 + b_1$

「掛一」表為 $a_1 - 1$

「揲四」表為 $a_1 - 1 \equiv r_{b1} \ (\mathrm{mod}\, m) , b_1 \equiv r_{b1} \ (\mathrm{mod}\, m)$

「歸奇」表為 $R_1 = r_{a1} + r_{b1}$

根據同餘式代數加法規則，有

$N_1 - 1 \equiv R_1 \ (\mathrm{mod}\, 4)$

第二變

令 $N_2 = N_1 - (R_1 + 1)$，如同第一變，則有

$N_2 = a_2 + b_2$

$a_2 - 1 \equiv r_{a2} \,(\bmod\, 4)$, $b_2 \equiv r_{b2} \,(\bmod\, 4)$

$R_2 = r_{a2} + r_{b2}$

$N_2 - 1 \equiv R_2 \,(\bmod\, 4)$

第三變

令 $N_3 = N_2 - (R_2 + 1)$ ，則有

$N_3 = a_3 + b_3$

$a_3 - 1 \equiv r_{a3} \,(\bmod\, 4)$, $b_3 \equiv r_{b3} \,(\bmod\, 4)$

$R_3 = r_{a3} + r_{b3}$

$N_3 - 1 \equiv R_3 \,(\bmod\, 4)$

令 N_4 為營數，則有 $N_4 = N_3 - (R_3 + 1)$ ，於是

$$N = N_1 + 1 = N_2 + R_1 + 2$$
$$= N_3 + R_1 + R_2 + 3$$
$$= N_4 + R_1 + R_2 + R_3 + 4$$

如果令 $R = R_1 + R_2 + R_3$ ，則有

$N = N_4 + R + 4$

因為 N_4 為營數，能被 4 整除，所以有

$N - R - 4 \equiv 0 \,(\bmod\, 4)$

對於上述筮法，

R_1 的可能值為 4 , 8。

R_2 的可能值為 3 , 7。

R_3 的可能值為 3 , 7。

所以 R 有四個可能值：10 , 14 , 18 , 22。因為 N = 50，上式成立，並且 N_4 的可能值為：36 , 32 , 28 , 24。於是《周易》筮法的成卦法得到數學上的證明。

　　如果作更一般的討論，N 不限於 50，R 也不限為上述四種可能值，模也可不為 4，N_4 亦不必限上述規定。筮法的更一般形式可表為：

　　N–R ≡ ○（modm）

我們稱它為「易同餘式」。由它可以構造出各種同等效用的筮法。於是大衍之數的神秘外衣被完全剝脫。

三、大衍求一術的同餘結構

　　大衍求一術是一次同餘式解法，傅種孫（1898–1962）於 1918 年，高均學於 1920 年，錢寶琮於 1921 年，李儼（1892–1963）於 1925 年先後予以確認。

　　秦九韶的大衍求一術是以其筮法程序為第一例的。他所設計的演卦法，與我們前面介紹的朱熹定式，雖然表觀上大不相同，它們的數學本質則是相同的。總策五十，用策四十九，任意分用策為兩部分。取其中一部分用於演卦，先一、一數之，再二、二，三、三，四、四，重新數之。一、一數之自然餘一，其他三種數法的餘數亦只能是一、二、三、四這四個數字。秦九韶在這裡把「揲之以四」理解為一、一數之，二、二數之，三、三數之，四、四數之。因為揲一必餘一，不必數，徑直「掛一」，稱揲二、揲三、揲四三次重數為「三變」。關於如何確定爻之陰陽，秦氏說得不甚清楚。最簡單的辦法是視四揲總餘數之偶奇決定爻之陰陽，偶數得陰爻，奇數為陽爻。或將四揲總餘數四、四數之，所餘必為一、二、三、四。若餘一，得老陽；若餘二，得少陰；若餘三，得少陽；若餘四，得老陰。

關於秦九韶的大衍術，我們借用清代張敦仁（1754－1834）在其《求一算術》（1831年）中的簡要陳述：

> 術曰置諸元各問數，依連環相約求得各定母。復置各定母依連環相乘求得各衍母及衍數。置各衍數各以定母去之，餘為各奇數。置各奇數，以乘率乘之，得各用數。乃置元問各剩數，各以用數乘之為各總。以各總併之為總數，滿衍母去之，餘即所求數也。

這裡涉及「定母」（計作 D）、「衍母」（記作 M）、「衍數」（記作 S）、「奇數」（記作 G）、「乘率」（記作 C）、「用數」（記作 E）「剩數」（記作 R）和「總數」（記作 H）。這些量之間的關係可數學地表述如下：

$S = M / D$

$S \equiv G \ (\bmod D)$

$CG \equiv 1 \ (\bmod D)$

$CS = E \equiv 1 \ (\bmod D)$

$$\sum_i R_i C_i S_i = H \equiv N \ (\bmod M)$$

N 為所求之數。大衍求一術的關鍵是解一次同餘式

$CS \equiv 1 \ (\bmod D)$

總之，不管是朱熹的演法還是秦九韶的演法，其中的數

學問題都是同餘式問題。也就是說，我們證明了《周易》筮法的數學結構和秦九韶的大衍術要解決的問題是同類。如果說邵雍的「加一倍法」（即連續加重法）作為重複排列問題，為11世紀的中國數學史增添了新的內容，那麼秦九韶分析筮法創立大衍術，就應當給予更高的評價。

秦九韶在其《數書九章》序中說：

今數術之書尚三十餘家，天象曆度謂之綴術，太乙壬甲謂之三式，皆曰內算，言其秘也。九章所載，即周宮九數。繫於方圓者為－術，皆曰外算，對內而言也，其用相通，不可岐二。獨大衍法不載九章，未有能推之者，曆家演法頗用之，以為方程者，誤也。且天下之事多矣，古之人先事而計，計定而行，仰觀俯察，人謀鬼謀，無所不用其謹，是以不衍於成，載籍章章可覆也。後世興事造始，鮮能考度，浸浸乎天紀人事之淆缺矣，可不求其故哉。

這段話以及他把《周易》筮法作為第一個例題，足以表明其大衍術來源於筮法和曆算。秦九韶將其冠以「大衍」之名，意在表明它的淵源，而「數與道非二本」的總結是他這一創造的切身經驗。過去由於沒有對筮法作現代數學分析，因而未能理解秦九韶創造的思路，對他的「附會《周易》」之譏可以休矣。

易學與物理

在中國古代,「物理」之意非同於今日物理學中「物理」之內涵。「物」字在周代已見諸文獻記載。《老子》和《易傳》論物頗多,並深入到物性和觀察分類方法,但「物理」一詞最早見之於《莊子‧秋水》。《荀子‧解弊》始對物理有所界定:「凡以知,人之性;可以知,物之理。」這意味著「人性」和「物理」的區分。

晉代楊泉著《物理論》始有物理專論。北宋邵雍在其《皇極經世書‧觀物篇》提出「物理之學」,他寫到:「物理之學或有所通,或有所不通。不通可以強通,強通則有我,有我則失於理而入於術。」邵雍所謂的物理之學,是關於天地萬物運動變化的學問。他的《觀物》內外篇所論範圍,從天地的起源一直講到人文歷史。

他以陰陽和感應為綱,論述了天地的產生、日月星辰的運動、水火土石之化成、雨風露雷之成因、走飛草木性情之變化、皇帝王霸之更替、士農工商變遷、仁義禮智演進。雖然「物理學」用語並未由此而被沿用,但他的大物理觀和物理學模式卻廣為接受。

明代方孔炤所著《潛草》說:「聖人觀天地,府萬物,推曆律,定制度,興禮樂,以前民用,化至感若,皆物理也。」(方以智:《物理小識‧總論》)自方以智以「物理」和「宰理」相區分,「物理」的內涵才被限制在自然研

究領域。出於借鑒西學，他以「質測」稱道這種學問。

　　隨著西學東漸的增強，西方自然研究的學問作為儒學「格物致知」的有用的延伸而被接受，遂有「格致學」之稱謂。在現代意義下使用「物理學」源於日本人，1900 年始傳入中國。

　　在中國傳統文化的物理觀中，萬物生化的核心機制是「感應」。我們已經在第一章中論述宇宙秩序原理時專門討論過它。自漢代起感應論原理和易經的象數論結合，逐漸發展出一種精緻的數理感應論。這在程頤和邵雍的著作中有集中的表現。程頤對「氣」的感應曾作過詳細論述。他在對咸卦九四爻的注釋中說：「感，動也，有感必有應。凡有動皆為感，感則必有應。……所應復為感，感復有應，所以不己也。」在他看來感應作用是「氣」的一種普適性質，「天地之間，只有一個感與應而已」（《遺書》卷十五）。

　　臺灣學者劉君燦極力倡導關於中國科技感應論的共識。他認為，因為中國重感通，而聲與光是人與人和人與自然溝通最重要的媒介，所以中國聲光科技的早發繁美勢所必然；律曆合篇為《律曆志》，音律通天的觀念也彰顯中國自然與人文溝通的整體特色；候風地動儀也是在地動天搖而人可象之的觀念指導下製造出來的，待人以其候天風之地動；共鳴的運用與詮釋成為中國聲學的特色；電磁現象的發現與詮釋甚至與其有關的避雷針和指南磁針的發明，都與「感應」觀念密切相關。他認為中國傳統科學是「以類比為方法，以感應為主要觀念，以器、象、類、數為基本構架的。」①

❖

✖中國傳統文化中的「物理」觀

我們已經談過中國歷史上「物理之學」一詞首見於邵雍的《觀物外篇‧十二》，並且明確「物理」一詞的內涵非為自然科學中的物理學之「物理」，而是與「人性」相對的意義上之「物理」。它類似於古希臘亞里士多德的以「可變化的存在」為對象的「物理學」，但其外延更廣，不限於人事之外的自然界。從荀子的「物之理」演進到邵雍的「物理之學」，再到現代意義的「物理學」有一段漫長的歷史。

陸玉林在其博士論文《老莊哲學的結構與意蘊》（1994年）中，對「物」字作了追源考察。「物」字起於以牛為物。《說文》有：「物，萬物也。牛為大物，天地之數起於牽牛，故從牛勿聲。」進而推及其他牲畜類和諸多相類者而成為一切存在的總稱或共名。

孔子居《說文疑疑》有：「物者，牲畜之呂類也。……推而廣之，凡天地間形色血氣之相類者，俱謂之物。又推而廣之，凡天地間一切大小粗精剛柔動靜之相類者，亦謂之物。」人類對自身命運的關注才導致對物的探討。

《國語‧鄭語》載周幽王八年（公元前 774 年）史伯始物論：「夫和實生物，同則不繼。以他平他謂之和，故能豐長而物生之，若以同裨同，盡乃棄矣。故先王以土與金木水火雜，以成百物。」

《老子》論物方及物性，物由「道」生，「樸散則為器」，聖人「常善救物」。《易傳》主張「盈天地之間者唯

萬物」（《序卦》）且論物重方法，「方以類聚，物以群分」（《繫辭上》），「近取諸身，遠取諸物」（《繫辭下》），仰觀俯察探索費隱。《莊子‧秋水》「語大義之方，論萬物之理」和《淮南子‧覽冥訓》「目察不足以分物理，心意之論不足以定是非」，明確提出探求「物理」的之必要。「物理」之界定始於《荀子‧解蔽》：「凡以知，人之性；可以知，物之理。」

雖然在先秦和秦漢不乏有關萬物之理的論述，但沒有專門的著作。晉代楊泉（3世紀）著《物理論》，把「物理」作為學術專名並寫成專著是中國「物理學」發展的第一個里程碑。該書在中國歷史上第一次系統地論述元氣論的自然觀，從論皓天到論四季之風，再到人之生死與智慧夭壽之長短，續而論及稼穡、工巧諸人事。就其元氣宇宙論說，其後劉智的論天、虞聳和虞昺的窮天論、姜岌的渾天論、梁武帝的天象論，都遠不及《物理論》徹底。

此書的問世非為偶然，是魏晉玄學強調「自然之理」、主張「辨名析理」、以理性反對迷信的思想在自然研究領域的反映。但是，楊泉的物理觀在接踵而來的隋唐時代並未獲得明顯的進展。隨著宋代理學的興起，從李之才學得「物理性命之學」的邵雍提出「物理之學」的概念，而《易傳》「窮理盡性」與《大學》「格物致知」推動了「物理」這一

①劉君燦：《天工人為——中國的物理》之「自序」，臺北，幼師文化事業公司，1988年。

術語的運用和「物理之學」的發展。

邵雍的「老子五千言，大抵皆言物理」（《觀物外篇‧十二》）的大物理觀，為明代方以智的《物理小識》改變，他從「中西會通」的視角發展了「物理之學」。他少年受教精通河洛象數學的王宣並得熊明遇的西學啟蒙，受熊氏《格致草》和王氏《物理所》影響著《物理小識》。他把知識分為「物理」、「宰理」和「至理」：「考測天地之家，象數、律曆、音聲、醫藥之說，皆質之通也，皆物理也。專言治教，則宰理也。專言通幾，則所以為物之至理也。」（《通雅‧文章薪火》）用現代語言說，「物理」屬自然科學，「宰理」屬社會科學，「至理」屬哲學。

他的《通雅》十五卷，分疑始、釋古、天文、地輿、身體、稱謂、姓名、官制、事制、禮儀、樂曲、樂器、器用、衣服、宮室、飲食、算術、植物、動物、金石、諺原、切韻聲源、脈考、古方解等44門。

而他的《物理小識》十二卷，分天、曆、風雷雨陽、地、占候、人身、醫藥、飲食、衣服、金石、器用、草木、鳥獸、鬼神、方術、異事等15類。

可以看出這兩部書之不同，《通雅》包含自然科學和社會科學者，而《物理小識》則只含自然科學。至此，方以智已將邵雍的大物理學的內涵和外延縮小為自然科學。

明清之際「物理」之概念尚未與現代物理學對應，兩者並軌遲至19世紀中葉。現代理解的物理學概念在西方也待到18世紀末才確立的。亞里士多德的「物理學」概念，按

其關於理論學術的分類，只是形而上學、數學和物理學三種之一種。形而上學被他界定為第一哲學。

他所謂的物理學只研究運動、空間和時間，而現在被視之為物理學內容的光學、聲學、力學和天文學等被分類在數學中。幾何光學被視為研究光線的幾何學，和聲學被視為研究音程的數學比例，力學被視為研究運動的幾何學，天文學被視為研究天體位置的幾何學。

一直到近代，研究的方法雖已擺脫了思辨方式，但物理學的內涵和外延沒有多大變化。1666年法國皇家科學院成立時分數學和物理學部。至18世紀中葉，化學和自然史研究從物理學中獨立出來，物理學被劃分為一般物理學（即理論物理學）和特殊物理學（即實驗物理學）。前者沿襲牛頓《自然哲學的數學原理》的整個傳統，而後者同牛頓《光學》的非數學部分相關，包括聲、光、電、磁等現象的一個廣泛領域。1793年《物理學詞典》出版，其中不再包含任何化學和自然史方面的條目，從而宣告了物理學的新概念。此後物理學就在這種界定的理解下發展下去了。

在西學東漸時期，意大利傳教士艾儒略（1582—1649）著《西學凡》把「物理學」音譯為「費西加」。至19世紀中，日本學者川本幸民（1810—1871）著《氣海觀瀾廣義》（1851年）提及「費西加，窮物理之學」，第一次以漢字「物理之學」與現代意義的物理學對應。1879年飯盛挺造出版了《物理學》。1884年日本東京數學會改稱東京數學物理學會。1900年飯盛氏的《物理學》被譯為中文在中國

出版，1908年清政府學部編定了《物理學語匯》，「物理學」的傳統含義到現代的科學之轉變，就此完成了。

✖邵雍論物理之學

邵雍不以漢代經師之言為訓，他放棄了他們以卦氣和象數解易的繁瑣經學形式，認為「知易者不必引用講解，始為知易」，以探討天地萬物的運動和變化為旨宗，創建宋代象數學的數學派。程顥（1032-1085）所寫的《邵堯夫先生墓誌銘》中說：「先生少時，自雄其材，慷慨大志。既學，力慕高遠，謂先王之事可必致。乃其學益志，德益邵，玩心高明，觀於天地之運化，陰陽之消長，以達乎萬物之變，然後頹然其順，浩然其歸。」（《二程全書·明道文集》）

雍之子邵伯溫為其父《觀物內篇》所作《繫述》中概擴地表述了邵雍的物理學模式觀：

> 變化者生生不窮之謂也。有數則有物，數盡則物窮。有物則有數，物窮則數盡矣。然數無終盡，數盡則復。物無終窮，窮則變，變故能通，復故能久。日月星辰，變乎寒暑晝夜者也。水火土石，化乎雨風露雷者也。雨風露雷，地之化和乎天者也。一唱一和，而後物生焉。暑寒晝夜，變乎性情形體者也。風雨露雷，化乎走飛草木者也。性情形體，本呼天而感乎地者也。走飛草木，本乎地而應乎天者也。一感一應，而後物成

焉。一唱一和，一感一應者，天地之道，萬物之
情也。凡在天地之間，蠻夷華夏皆人也。動植飛
走皆物也。人各有品，物各有類，品類之間，有
理有數存焉。推之於天地，而後萬物之理昭焉。

邵雍著《皇極經世》，包括《觀物內篇》和《觀物外
篇》。內十二篇為邵雍手著，外十二篇為門徒所記之言。

明黃畿著《皇極經世傳》，認為：「皇極觀物之有內
篇，猶《易》之有繫辭也。凡十有二篇，統論一書之大旨。
研精極思，曲暢旁通，擴大易所未發。」張崏認為「內篇理
深而數略，外篇數詳而理顯」。清王植著《皇極經世直
解》，在對邵雍的著作注釋時，對《觀物外篇・十》評論
為：「此篇皆格物窮理之精義也。首以聲音唱和圖說，繼以
推算之理，由人及物，而日月星辰，水火土石，風雨雷露，
鳥獸草木，性情形體之說備焉。」

現在我們闡述邵雍的「物理學」思想、物理學的內涵、
性質和方法。關於物理學的內涵，由其《觀物外篇・十二》
中「老子五千言，大抵皆明物理」一語，即可知其大概。他
所謂的物理學實為天地萬物運動變化之理的學問。在他看來
「學不際天人，不可謂之學」（《觀物外篇・十二》）。

就他書中所論物理的範圍，確從天地的起源直到人文歷
史。就自然現象說，他以陰陽剛柔和感應為綱，論述了天地
的產生，日月星辰運動，水火土石之化成，雨風露雷之成
因，走飛草木性情之變化……

關於物理學的性質，他強調理、性、命的統一。他說：
「《易》曰：窮理盡性，以至於命。所以謂之理者，物之理
也。所以謂之性者，天之性也。所以謂之命者，處理性者
也。所以能處理性者，非道而何？」（《觀物內篇·三》）
理、性、命統一於「道」。而且：「道之道，盡之於天；天
之道，盡之於地；天地之道，盡之於物矣；天地萬物之道盡
之於人矣。人能知其天地萬物之道，所以盡於人者，然後能
盡民也。」（《觀物內·三》）

關於治物理學的方法，「觀物」一詞是他對其所作的最
高的概括。他首先肯定人觀物的生理條件：「人之所以能靈
於萬物者，謂其目能收萬物之色，耳能收萬物之聲，鼻能收
萬物之氣，口能收萬物之味。聲色氣味者，萬物之體也。耳
目鼻口者，萬人之用也。體無定用，惟變是用。用無定體，
惟化是體。體用交而人物之道，於是乎備矣。」（《觀物內
篇·二》）

對如何觀物，邵雍區分「以物觀物」和「以我觀物」。
他說：「以物觀物，性也以我觀物，情也。」他強調以物觀
物，並稱之為「反觀」：

> 夫鑒之所以能為明者，謂其能不隱萬物之形
> 也。雖然，鑒之能箕萬物之形，未若水之能一萬
> 物之形也。雖然，水之能一萬物之形，又未若聖
> 人能一萬物之情也。聖人之所以能一萬物之情
> 者，謂其聖人能反觀也。所以謂之反觀者，不以

我觀物也。不以我觀物者，以物觀物之謂也。既能以物觀物，又安有我在其間哉？是知我亦人也，人亦我也，我與人皆物也。（《觀物內篇‧十二》）

　　他所謂之「反觀」實即以「理」觀「物」，或者說以「道」觀「物」。否則就會使「學」降為「術」：「象起於形，數起於質，名起於言，意起於用，天下之數出於理。遠乎理則入乎術，世人以數入術故失於理也。」（《觀物外篇‧六》）我們不妨重複前文引用過的他的那段話，以加深對他的「反觀」的印象：「物理之學，或有所通或有所不通。不通可以強通，強通則有我，有我則失於理而入於術。」

　　邵雍認為，人雖是萬物之靈，但仍為萬物中之一物。人為物中之「至物」，聖人人中之「至人」，亦即「物之物」。聖人之智慧在於「無我」地觀物：「謂其能以一心觀萬心，一身觀萬身，一物觀萬物，一世觀萬世者焉。謂其能以心代天意，口代天言，手代天工，身代天事者焉。又謂其能以上識天時，下盡地理，中盡物情，通照人事者焉。又謂其能以彌綸天地，出入造化，進退古今，表裡人物者也。」（《觀物內篇‧二》）

❌易學物理觀對物理學研究的影響

　　邵雍作為著名易學家而提出有關物理學的思想，對後世

有很大影響。然而，他本人卻拘守「君子之學，以潤身為本，其治人應物皆餘事也」。丹家煉丹的變物類化觀和奪陰陽造化之機的改造自然之精神的形成，李時珍（1518－1593）著「雖命醫書，實該物理」（李建元《進〈本草綱目〉疏）的《本草綱目》的思想基礎和模式，皆且不論，但就宋明物理科學的發展說，對此有著重要貢獻的沈括、朱載堉、宋應星無不受易學物理觀之影響。

一、沈括

沈括（1031－1095）生卒年考辨不一，生約 1029－1033年，卒當 1093－1097 年，此依《錢塘沈氏家乘》。字存中，北宋錢塘（今浙江杭州市）人。科學家、政治家、軍事家、儒學家。

沈括出身於官宦之家，曾祖父沈承慶官至大理寺丞，祖父沈英早卒未及仕，父沈周（978－1051）歷任大理寺丞兼蘇州酒稅、蘇州通判、江東轉運使和明州知州。沈周有兩子二女。長子沈披，次子沈括。沈括至和元年六年（1054年）任沐陽縣（今江蘇省沐陽縣）主薄。嘉祐八年（1063年）中進士，不久升遷太史仿，熙寧五年（1072年）提舉司天監，次年升任集賢院校理，熙寧八年（1075年）出使契丹，翌年任翰林學士，元豐三年（1080年）任划延路經略使，元祐三年（1088年）退隱潤州（今江蘇省鎮江市）著述，病故夢溪園時年 65 歲。

沈括博學善文，於天文、方志、律曆、音樂、醫藥、卜算，無所不通，皆有所論。一生著述不止《宋史・藝文志》

記沈括著書 22 種 155 卷，另據諸家書目和他本人著作《夢溪筆談》尚有 22 種。其中儒學著作有《易解》2 卷，《孟子解》、《春秋機括》、《左氏記傳》50 卷，科技類著作有《夢溪筆談》26 卷、《樂論》1 卷、《樂器圖》1 卷、《三樂圖》1 卷、《樂律》1 卷、《天下郡縣圖》、《熙寧奉元曆》7 卷、《熙寧奉元曆經》3 卷、《熙寧奉元曆立成》14 卷、《熙寧奉元曆備草》6 卷、《比較交蝕》6 卷、《熙寧晷漏》4 卷、《修城法式條約》2 卷、《圖畫歌》1 卷、《茶論》、《沈氏良方》、《靈苑方》20 卷、《別次傷寒》，其他著作尚有《邊州陳法》、《使虜圖抄》1 卷、《乙卯入國奏請別錄》、《懷山錄》、《忘懷錄》3 卷、《字訓》、《南郊式》110 卷、《閣門儀制》、《熙寧詳定諸色人廚料式》1 卷、《熙寧新修凡女道士給賜式》1 卷、《諸敕式》24 卷、《諸敕格式》30 卷、《清夜錄》、《長興集》41 卷、《集賢院詩》2 卷、《沈存中詩話》等。

　　沈括的著作多已失傳，尚傳刻本有《夢溪筆談》26 卷、《補筆談》3 卷、《續肇談》1 卷、《長興集》殘本 19 卷、《沈氏良方》10 卷和《孟子解》等。

　　沈括為官政績卓著。他參與王安石變法改革，為改變國家「積貧積弱」的境狀「乍而上下，乍而南北」，急流勇進。他主持司天監，改進渾儀、漏壺和日晷等儀器，編修曆法。面對契丹和西夏的侵擾，他堅持自衛，力主抗戰。

　　1075 年，他以「以死任之」的無畏氣概受命出使契丹，六會遼廷，雄辯挫敵而勝。他任富延經略使，率兵拒

敵，1081 年破西夏黨項 7 萬敵軍於圖上。

沈括治學耽經玩史，浩博而文淵。於儒學，他精熟於
《孟子》，「思之而盡其義」，「行之而盡其道」（《長興
集》卷 32）。於史學，他推崇司馬遷，批評班固，所著
《左氏紀傳》雖未盡滿人意，南宋大史學家仍認為其為研究
春秋時代史的有用典籍。於軍事，他擔任軍器監，詳定《九
軍陣法》（1075 年）。沈括文韜武略，著作弘富，然近世
所推崇者乃是他在科學領域的諸多貢獻。

沈括可謂中國古代最卓越的科學家。他作出了若干領先
世界的科學發現和理論。在天文學領域，他在英國氣象局使
用蕭伯納曆前 800 多年就提出類似的「十二氣曆」。在地理
學領域，他早於西歐 700 多年製作立體地圖。在地質學領
域，他以螺蚌殼推論太行山昔為海濱的大陸沉積說和據植物
化石推斷古氣候變遷，都約早歐洲 400 多年。在物理學領
域，他以紙人粘於琴弦演示聲共振，類似的實驗遲至 17 世
紀才在歐洲出現。他的許多先驅性的研究工作，推動了中國
科學的發展。在數學領域，他首創隙積術和會圓術，前者為
楊輝和朱世杰發展，後者為王恂（1235－1281）和郭守敬完
善並用於曆法計算。在光學方面，他以飛鳶說明小孔成像和
關於職燧倒像的研究，在《墨子》和趙友欽、鄭復光
（1781－1853）、鄒伯奇（1819－1869）之間建起了橋樑。
《夢溪筆談》中的一些記載具有重要的史料價值。如關於活
字印刷術的記載，致今乃是最原始的史料。又如，所錄「秋
石方」記載了世界最早的荷爾蒙製劑的製備方法。所載 200

多條科技事項，文涉理工農醫、數理化天地生各個學科。

沈括在《答崔肇書》中之慨言頗能表達其心志所向：

> 人之於學，不專則不能，雖百工其業至微，猶不可兼而善，況君子之道也。若某則不幸，所兼者多矣……然某少之時，其志於為學雖專，亦不能使外物不至也。復不幸家貧，亟於祿仕。仕之最賤且勞，無若為主簿，沂海淮流，地環數百里，苟獸蹄鳥跡之所及，主簿之職皆在焉。然既已出身為吏，不得復若平時之高視闊步，擇可為而後為，固宜少善其職矣。所職如是，皆善固不能也。欲其粗善，必稍其多歧，專心致意，畢力於其事，而後可也，而又間有往還吊問，歲時腰臘，公私百役，時常兼其八九。乍而上下，乍而南北，其心懵懵踈踈，不知天地為天地，而雪霜風雨之為晦明燠涼也……（《長興集》卷十九）

不能「擇可為而為」尚能如此蔭及後世，若能「擇可為而為」，專心致力科學，其成就必當更宏偉。沈括生當北宋，隋唐以來儒、釋、道融合之勢導致作為新儒學的理學的形成，「兩宋諸儒，門庭徑路，半出佛老」，多種文化源流的交融匯萃使之受惠匪淺。

他幼少受儒家正統教育凡 12 年，作為儒家弟子，學問、修養得益子《孟子》，但他也博覽佛道經典。僅就現有

傳本只能窺其思想之一斑，難見其全貌。

沈括的《夢溪筆談》表現了極強烈的重經驗、崇理性的精神。一部《夢溪筆談》出現 44 個「理」字，「天理」、「地理」、「物理」、「常理」、「至理」、「色理」、「義理」、「自然之理」、「原其理」、「伸理」、「論理」、「深究其理」、「窮測至理」，名目繁多，委實可觀。但從現有史料探討其與理學的關係尚難。沈括身居浙西，為官又「南北顛簸」，然與宋明理學先驅和奠基人的關係，不論是「宋初三先生」、「明州楊社五子」、「永嘉九先生」還是「北宋五子」，幾無蹤跡可循。科學理性與理學哲理並進是時代的精神。

沈括著《易解》、《孟子解》、《春秋機括》和《左氏紀傳》，對儒學的這種選擇與理學大體合拍，非為偶然，亦是時代所使。《夢溪筆談》刊刻後立即受到學者的注意，其對理學的影響特別表現於朱熹的著作中。朱熹所論自然科學之問題，源於《夢溪筆談》者為數不少，有關日月盈虧之理他力排「歷家舊說」，推崇沈括，認為「惟近世沈括之說，乃為得之」（《楚辭集注·天問》）。朱熹與沈括在自然哲學與方法方面的諸多相近之處，更顯示沈括之思想，對理學的影響。

二、朱載堉

朱載堉（1536-1611）字伯勤，號句曲山人，明開國皇帝朱元璋第九世孫，鄭恭王朱厚烷（1518-1591）之子。其父於 1527 年冊封為王，他出生後亦被封為世子，其父因上

書諫世宗皇帝及受誣告而於 1550 年廢為庶人，他的世子冠亦被奪，自此他築土室獨處，研讀著述 19 年。1568 年穆宗登基，大赦天下，其父平反覆位，他也重入王府。1591 年其父卒，他傾心著述，將王位繼承權讓於載爾。

朱載堉一生潛心學術，在樂律、數學和曆法領域有所貢獻。他最突出的貢獻是首創十二平均律，完成音樂理論上的「哥白尼革命」。他著作甚豐，收入《樂律全書》者 14 種 46 卷，未收者尚有 6 種 20 卷。他自幼「即悟先天學」，後著有《先天圖正誤》（《河南通志》卷五十八《人物》）。在他取得科學成就而進奉皇帝時，曾自我表白：

> 臣篤好數學，弱冠之時，讀《性理大全》，見宋儒邵雍《皇極經世書》、朱熹《易學啟蒙》、蔡元定《律呂新書》、洪範《皇極內篇》等而悅之，口不絕誦，手不停放，研究既久，數學之旨頗得其要。（《進律書奏疏》）

但易學家們所極力倡導的「曆律和諧」說是他音律學思想的基礎。下面四段來自他的不同著作，表明這種情況。

> 《周髀》曰：「冬至夏至，觀律之音，知寒暑之極，明代序之化」，是之律者之本，曆者律之宗，其數可相倚而不可相違。故曰《律曆融通》，此之謂也。（《律曆融通•序》）

　　律呂之學，以聲數為至要。若夫辯論，乃其本節也。聲者，合四一上勾尺工凡六五之類也；數者，一二三四五六七八九十之類也。前賢不留心於此。其以為深者，偷薄自畫，而討論不來；其以為淺者，鄙俚斯嫌而泚色不出。故於論數目、尺寸、聲調、腔譜等處，卒刪之。昆則史家之通弊也。（《律呂精義·序》）

　　律學先求黃鍾。猶曆家先求冬至也。次求蕤賓，猶夏至也。又求夾種，猶春分也。又次求南呂，猶秋分也。然後求大呂，除黃鍾外諸家律呂之首也。其次求應鍾，諸律呂之終也，亦猶歷史所謂裡履端、舉正、歸途也。黃鍾履端於始；蕤賓舉正於中，應鍾歸餘於終。（《算學新說》）

　　百事道法喻律之數，紀之以三，若每季三月之類；平之六，若畫夜六時之類，成之十二者，四季而成一歲、凡十二有二月，畫夜而成一日、凡十有二時，天之大數止於十二。故律呂相生，其數亦然也。（《律學新說》卷一「立均第九」）

三、宋應星

　　宋應星（1587－1666），字長庚，江西奉新人。28 歲中舉，又為功名苦學十幾年，五次赴京會試而不第才罷休。作四年教諭，後又歷任幾處地方小官，直至明亡，歸家隱居。

他在科學領域的貢獻主要在於，他在任縣教諭期間所寫的《天工開物》，關於農業和手工業技術的詳實記載成為我們了解當時科技水平的寶貴文獻。他的《野議》、《論氣》、《談天》、《思憐詩》晚近才被發現，其中《論氣》有他關於聲學的理論。

《天工開物》全書18卷，約4萬言，並附圖120餘張。依據「貴五穀，賤金玉」的指導思想，劃分為上中下三部。上部六卷講吃穿事，中部七卷講器具製造，下部五卷為礦冶、釀造。它作為一部重要的中國科技史文獻，雖然未能完全反映明代的技術水平，但其簡要而又較有系統的記述確實是當時綜合技術書的代表作，而且因其中所記技術有不少項居世界之首，而使其具有世界科技史意義。

僅僅殘留200多字的《論氣‧序》就有「大圓之內為方」，「乾坤易簡之理」兩處易學慣用語詞。而《形氣化二》中的「坎水為男」和「離火為女」兩語則更加鮮明。《氣聲》九章占《論氣》的1/3篇幅。宋應星的聲學理論是以「氣」為其基礎的。他以氣動、氣勢、氣應、氣蕩四個基本概念建立起他的聲學理論。「氣動」是發聲的機制，在下面的這段文字中，他提出沖、界、振、辟、合、逼六種氣動機制：

　　　氣本渾沌之物，分寸之間，亦具生聲之理，然而不能自為聲，是被聽其靜滿，群籟息焉。幾夫沖之有聲焉，飛矢是也；界之有聲焉，躍鞭是

也；振之有聲焉，彈弦是也；辟之有聲焉，裂繒
是也；合之有聲焉，鼓掌是也；持物擊物，氣隨
所擊之物而遍及於所擊之物有聲焉，揮椎是也。
當其射，聲不在矢；當其躍，聲不在鞭；當其
彈，聲不在弦；當其裂，聲不在帛；當其合，聲
不在掌；當其揮，聲不在椎。微芒之間一動，氣
之徵也。

「氣勢」被用於說明聲音強弱之別的概念。高山瀑布激
澗之聲驚魂喪魄，而敝瓮欹側、覆水溝渠則不見有聲，是何
緣故呢?「曰：此所謂氣勢也。氣得勢而生焉。不得其勢，
氣則餒甚……勢至而氣至焉，氣至而天地之氣應之。」

上引已出現「氣應」之說法，這是屬於普遍「感應論」
的一個概念。它用於解釋撞鐘伐鼓發聲的機制。鐘鼓之聲非
為鐘壁鼓皮生聲，仍然是氣之所致：「氣本渾沌之物，莫或
間之。當其懸鐘與漫鼓也，其中所含之氣，與其外所冒之
氣，相憶相思，有隔膜之恨焉。適逢撞伐，而急應之，呼大
而應之以大，呼小而應之以小，呼急而應之以疾也。」

「氣蕩」用以表達聲音傳播的機制：「物之沖氣也，如
其激水然。氣與水，同一易動之物。以石投水，水面迎石之
位，一拳而止，而其文浪以次而開，至縱橫尋丈猶未歇。其
蕩氣也亦憂是焉，特微渺而不得聞耳。」這裡，通過水波的
比喻，宋應星提出了聲波的概念。

第四章
易學與近代科學

　　明清之際基督教傳教士傳西學入中國，中西文化接觸，中學和西學的關係成為儒士階層關注和爭論的一大問題。在關於中西學的爭論中曾出現三種理論性觀點：一曰「中西會通」，二曰「西學中源」，三曰「中體西用」。

　　最早提出「中西會通」者為徐光啟（1562-1633），清初有王錫闡（1628-1682）、梅文鼎（1633-1721）、薛鳳祚（1620-1680）等人實踐，但只限曆算；鴉片戰爭後，隨著第二次西學輸入高潮的到來，由於徐壽（1818-1884）的重提而走上全面會通。

　　「西學中源」說初為梅文鼎所倡，經康熙帝玄燁（1654-1722）支持而成為「欽定」之策，在乾嘉時期經學大師中頗為流行，到鴉片戰爭之後，氾濫於整個儒士階層，乃至整個社會。

　　「中體西用」說是在洋務運動期間出現的，李圭、蔣同演、鄭觀應、馮桂芬（1809-1874）等關於道器、體用的論說為之前導，中日甲午戰爭後，沈毓芬明確提出「中體西用」的口號，張之洞（1837-1909）在其《勸學篇》中系統闡發，遂成為政府的一種政策。

　　自 17 世紀始，由於西學東漸的刺激，乾嘉學派中幾位可謂身兼「科學家」的易學大家已有某種「以科學治易學」和「以易學治科學」的意識，如方以智、江永和焦循等。從近代科學立場解釋和闡發易學，始於德國數學家萊布尼茨。在當時的歐洲，關於中國的研究被認為是西方對東方的「挑戰」作出的反應。其實並非如此，追求進取精神正旺的西方學者很快發現了中國的落後和保守。當時的萊布尼茨正在孜孜不倦地致力於中西文化交流，但他的這一研究並沒有立即在中國引發出易學科學熱。

　　江永的《河洛精蘊》（1774）可謂中國最早「以科學治易學」的專著。20 世紀以來，唐海宗著《醫易通說》（1910年）、沈仲濤著《易卦與代數之定律》（1924）和《易卦與科學》（1934）、薛學潛著《易與物質波量子力學》（1937）丁超伍著《科學的易》，與科學有關的易學著作仍然寥寥無幾。進至 1980 年代，情勢已非同以往，在「文化熱」的大潮中出現了「易學熱」，並且易學與科學的結緣成為其特徵。「中西會通」所開創的這類研究的成果之一是，發現易學與科學具有某種程度的相通關係。

易學「會通」觀與「中西會通」

　　「會通」一詞源出《繫辭上傳》和第八章「聖人有以見天下之動而觀其會通」一語。朱熹在其《周易本義》中注釋說：「會謂理之所聚而不可遺處，通謂理之可行而無所礙

處。」在《朱子語類》中他又解釋說：「會以物之所聚而言，通以事之所宜言。……且如事理間，若不於會處理會，卻只見得一偏，便如何行得通？須是於會處都理會，其間卻只有個通處。……會而不通，便窒塞而不可行；通而不會，便不知許多曲直錯雜處。」

✖《崇禎曆書》之編撰與「中西會通」的提出

「中西會通」是受命編撰《崇禎曆書》的徐光啟作為編書指導思想提出的。徐光啟，字子先，號玄扈，上海人。出生於一個家道中落的農家。20 歲中秀才，36 歲中舉，43 歲中進士，遂被考選為翰林院庶吉士，46 歲授翰林院檢討，從此徐光啟步入官途。但翰林院檢討這個閑散的差事，使他有條件研究學問。在近花甲之年，徐光啟於 1619 年以詹事府少詹事兼河南道監察御史銜，為抗金督練新軍。1622 年徐光啟被閹黨任以禮部右侍郎兼翰林侍讀學士協理詹事府事，他不肯與之為伍，拒絕上任，因而受劾，於 1624 年「冠帶閑住」上海。1628 年崇禎繼位，閹黨事敗，徐光啟官復原職，翼年升禮部左侍郎，主持修改曆法。1630 年再升禮部尚書。1632 年他又以禮部尚書兼東閣大學士入閣，參與要政，1633 年 8 月再加太子太保、文淵閣大學士兼禮部尚書，11 月逝世，諡號定公。

徐光啟一生可分為兩段。中進士之前的大半生為窮經應試盡心，其間所撰 10 多種著作，只《毛詩六帖》傳世。而其後的近 30 年則致力於經世致用之道。在其後半生徐光啟

創立三大業績：一為與利瑪竇（Matteo Ricci, 1552-1610）合譯《幾何原本》（1607），二為主持編成《崇禎曆書》（1635），三為編撰《農政全書》（1639）。

他按照自己理解的宋明理學中的科學精神，讚美一切「格物窮理之學」，以「一物不知，儒者之恥」為銘。他推崇王守仁的「兼長備美」思想，為「超勝」而「會通中西」。他發揮易學「革故鼎新」的思想，主張「治曆明時取象於革」（《崇禎曆書・恆星曆指》），矢志改革曆法。他特別重視象數學：

> 象數之學，大者為曆法，為律呂，至其他有形有質之物，有度有數之事，無不賴以為用，用之無不盡巧極妙者。（《泰西水法》序）

徐光啟提出「度數旁通十事」，將天文和氣象、測量和水文、音樂、軍工、會計、建築、製造、測地、醫學和計時都納入數量化的軌道，以圖「由數達理」（《條議曆法修正歲差疏》）。

徐光啟是中國科學從傳統向近代過渡時期的「兩棲」科學家。陳子龍讚他：「生平所學，博究天人而皆主實用」。（《農政全書・凡例》）當代竺可楨（1890-1974）曾把徐光啟同培根（Francis Bacon, 1561-1626）作比較，認為前者比後者更偉大①。

基於本節之主題，我們只及其《崇禎曆書》編撰而不擬

敍述他的其他兩項業績。由於利瑪竇等耶穌會士力行學術傳
教的方針，頗獲明末一些士大夫的贊賞和尊敬，其中尤以徐
光啟、李之藻、楊廷筠三氏為代表。三氏皆為明末博學人士
並高官，又皆受洗皈依天主教，故有天主教在華「三大柱
石」之稱。明代行用的《大統曆》是郭守敬《授時曆》
（1281）的改編本。至明末時誤差日漸明顯，遂有改曆之
議。早在 1523 年華湘就建議修改曆法，1544 年鄭王世子朱
載堉獻新曆，河南僉事邢雲路又上書言改曆，禮部尚書范謙
還建議「以雲路提督欽天監」，但改曆爭論不已。

　　由於《大統曆》推算 1610 年日食又有失誤，乃招李之
藻、邢雲路入京「參預曆事」。但因「庶務因循」又遷延
20 年之久，1629 年方設局開始編撰《崇禎曆書》。1629 年 6
月 21 日的日食，當時已經非常熟悉西方天文學方法的徐光
啟用西法推算，與《大統曆》、《回回曆》所推不同，屆時
實測，只有徐光啟的推算正確。

　　為此「帝切責監官」，批准了禮部的建議，開局修曆，
令徐光啟領導。他先後招請耶穌會士龍華民（Nicolaus
Lohgobavidi, 1559－1654）、鄧玉函（Jean Terrenz, 1576－
1630）、湯若望（Johann Adam Schallvon Bell, 1592－1666）和
羅雅谷（Jacobus Rho, 1590－1638）來局工作。至 1634 年完成
《崇禎曆書》共 46 種 137 卷。雖然徐光啟於 1633 年去世，

---

①竺可楨：《近代科學先驅徐光啟》，載《申報》第 3 卷
　（1934），第 3 期。

最後一部分工作由李天經主持完成，但修曆的全盤工作都是徐光啟一手主持規劃好的。

徐光啟提出修改曆法所應遵循的總方針是：

> 欲求超勝，必須會通，會通之前先須翻譯。蓋《大統》書籍絕少而西法至為詳備，且又近數十年所定，其青於藍寒於水者，十倍前人，又皆隨地異測，隨時異用。故可為目前必驗之法，又可為二、三百年不異之法，又可為二、三百年後測審差數因而更改之法。又可令後之人循習曉暢，因而求進，當復更勝於今也。翻譯既有端序，然後令甄明大統。深明法意者，參詳考定。容用熔彼之材質，入大統之型模。」（《曆書總目表》）

由於徐光啟注重把知識建立在理解原理的基礎之上，所以《崇禎曆書》的天文學理論部分（即「基本五目」之首的法源）占了全書約三分之一的篇幅，也是全書最重要的部分。其中介紹了西方古典天文學的理論和方法，著重闡述托勒密、哥白尼、第谷三人的工作，大體未超出開普勒發現行星運動定律之前的水平，但也有少數更先進的內容。

在《崇禎曆書》編撰期間，徐、李諸人與守舊派人士如冷守忠、魏文魁等反覆爭論 10 多年。1644 年清軍進入北京，湯若望將《崇禎曆書》略作增刪，轉獻清廷，被順治帝

採納並御筆題名為《西洋新法曆書》，刊行於世。清代《時憲曆》即據此編纂而成。

徐光啟修撰《曆書》的「會通」以「超勝」為其目的。在清代，「會通」成為流行的說法。清代最有成就的天文學家王錫闡、梅文鼎都被認為是會通中西的大家，薛鳳祚也以「會通」自任，他的天文學著作就取名《天學會通》。以梅、王為代表的清代天文學家對西法的解說、補充，當屬「會通」範疇，但並未達到「超勝」的程度。由於「西學中源」的論證成了「中西會通」的主旋律，而使「會通」誤入岐途。但《崇禎曆書》採用幾何模型方法改變了中國天文學的形式和思維方法。

✖易學家會通中西的心力

在中西兩方文化接觸以後，「會通」成為處理中西學關係的一種指導思想。兩種文化接觸和交融是文化發展的一種動力機制。「中西會通」在理論上是正確的，儘管在實踐操作上有很大困難，而且還需依情勢權衡偏重。但是，幾乎從一開始，這種「會通」就在虛幻的「西學中源」說的影響下，以考據學的方法進行，走到一條歧路上去。

清代考據學亦稱「樸學」。其淵源可推到明楊慎（1488–1559）、陳第（1541–1617）、和清初顧炎武（1613–1682）等人考據訓古的治學方法。在乾嘉時期考據學進入全盛時期，並成為學界主流，人稱乾嘉學派。

乾嘉以其當時社會的經濟持續發展和政治相對穩定為條

件，同清統治者的高壓文化政策及文人避禍的軟弱心理密切相關。我們已經講過，樸學是實學思想發展的第三里程碑。此時的實學已從宋代的理性實學、明中葉以來的功利實學發展為「實證實學」。

從科學史角度看，它有兩大功績：一是輯佚、考釋了一批古代科技典籍，為傳統格致學的發展奠定了資料基礎；二是，它的實事求是、追尋證據的精神，為接受近代科學架起了方法論的橋樑。

乾嘉樸學大致分為三派：吳派、皖派和揚派。吳派力求模仿和繼承漢代經師，不重論是非，偏於唯漢而是；皖派對漢代經學既信又疑，不限於撿拾經義，而是功精比堪，闡發是理；揚派開墨學之先河，反對守株，追求開拓，注重實測。

乾嘉學派中有一批易學大師。易學家亦是潮流中人，面對西學之挑戰亦需作出應戰的反應，易學究竟有何程度的自我調節能力也受到檢驗。在「樸學」的「藝以明道」的桎梏下，方以智以易學改進西學的努力歸於失敗，江永對西學的積極而又實事求是的態度受挫，焦循面對中西學爭論而潛言。在比較中西科學方面不能實事求是，何談會通。

一、方以智

方以智（1611-1671）字密之，號浮山愚者，安徽桐城人。出身三代易學世家。曾祖方學漸（1540-1615）著有《易-》，祖父方大鎮（1562-1631）著有《易意》，父方孔炤（1591-1655）。以智生，其祖父取《易傳》之「蓍圓

而神，卦方以智，藏密同意，變易不易」之義，賜名「以智」。其父有《周易時論合編》傳世。

　　以智 7 歲入塾，祖父擇門人王宣為其師，並示塾師尊德性與道問學並重施教。王宣精河洛象數並著有《物理所》，對以智重經學深有影響。以智九歲隨父至福建寧州，在長溪聽熊明遇講論西學、物理，而又受西學啟發。30 歲（1640年）中進士，授工部觀政、翰林院檢討、皇子講官。1644年李自成義軍攻陷北京，方以智投奔南明政權，不為所容，流浪江湖，寧死不仕異主。1650 年清軍入粵，他披緇為僧。1653 年皈依佛門，主持青原寺。弘揚儒佛，交遊賢士，志在文化復國。1670 年辭主持職，退居泰和首山。翌年，清廷構難，殉節押解途中。

　　方以智一生命圖哆乖，矢志以文化挽救民族，著述數十萬言。有關科學和易學方面的著作主要有《物理小識》、《通雅》、《內經經脈》、《醫學會通》、《周易圖象幾表》、《易餘》。

　　方以智 20 歲時曾立下以《易》終生之志：

　　　　弱冠慕子長出遊，遊見天下人，如是而已。遂益狂放，自行至性，而不逾大閑。以為從此以往，以五年畢詞賦之壇坫；以十年建事功於朝；再以十五年窮經論史、考究古今；年五十，則專心學易，少所受王虛舟先生河洛理數，當推明之，以終天年，人生足矣。（《浮山文集前編》

卷八）

方以智的同代人劉城對方以智治易亦曾有如下證言：

> 余治易好象數占變之說，又好講圖義……，
> 皖桐則方密之特言之，皆治京焦陳邵諸家，觀象
> 玩占之學，非舉子輩應有司尺度之言也。然獨密
> 之遂以易登上第矣。密之才高學博，凡天下官地
> 志陰陽五行筵篹諸術，藝無不精，此非以為易，
> 而皆與易有涉者。（劉城：《嶧桐文集》卷三頁
> 十四）

方以智發揮《易傳》中的「會通」思想，立志實踐兩個
方面的會通：一方面，他會通中國傳統文化的諸領域；另一
方面，他企圖調合中西，以易學改造西學。前者是方氏家學
的傳統，其特點是以經世思想為出發點調和朱陸。後者是西
學東漸形勢下的一大潮流。他借用孔子向郯子問學的典故，
表達他兼採西學的態度：

> 嘗借泰西為問郯，或然表法，反卦策，知周
> 公、商高之方圓積矩全在於《易》，因悟天地間
> 無非三兩也。（《浮山文集前編》卷六，《曼寓
> 草》卷下）

其子方中通在《物理小識編錄緣起》中對此給予佐證：

> 王虛先生作《物理所》，崇禎辛未，老父為
> 梓之。自此，每有所聞，分條別記。如《山海
> 經》、《白澤圖》、張華、李石《博物志》、葛
> 洪《抱朴子》、《本草採摭》，所言或無證，或
> 試之不驗，此貴質測，徵其確然者耳。……老父
> 《通雅》殘稿，自京師攜歸，《物理小識》原附
> 其後。老父庚寅苗中，寄回一簏，小子分而編
> 之。生死鬼神，會於惟心，何用思議，則本約
> 矣。象緯曆律、藥物同異，驗其實際則甚難也。
> 適以遠西為郯子，足以證明大禹、周公之法，更
> 精求其故，積變以考之。士生今日，收千世之
> 慧，而折衷會決，又烏可不自幸乎！

　　方以智的「質測」兼「通幾」的方法論見識所反映的正
是這種「會通」意識。一方面，他的「格物之則」包括「天
之則」和「心之則」，「求多理於外物」（質測）與「求一
理於內心」（通幾），要求「會通」感官的「小體」與心智
的「大體」；另一方面，他的「質測」和「通幾」又是「會
通」中西科學的，「質測」合儒學的「格致」與西學的「觀
察實驗」於一語，而「通幾」又兼《易傳》的「研幾」和西
學「幾何」之義。

　　方以智為兼採西學曾走訪意大利傳教士畢方濟，厚交德

國傳教士湯若望，令子中通與波蘭傳教士穆尼閣遊學京師。艾儒略《西學凡》和《職外方紀》、金尼閣的《西儒耳目資》以及當時出版的《天學出函》、《星土分野》、《主制群徵》等西學書被其徵引。《物理小識》引文中西學資料占5%。

方以智在「會通」中西科學方面，由於受利瑪竇所傳《萬國圖法》影響曾經想參考泰西地球畫度繪製《禹書經天合地圖》，雖然未成亦足見其「會通」之心意。在音韻學方面，還力圖吸收西方拼音文字的優點：

> 今日得《西儒耳目資》，是金尼閣所著，字父十五，母五十，有甚、次、中三標，清、濁、上、去、入五轉，是可以證明吾之等切。（方以智：《膝寓信筆》）
>
> 泰西氏十字皆只一畫，作 1，2，3，4，5，6，7，8，9，0，不煩兩筆。（方以智：《通雅》卷一）
>
> 字之紛也，即緣通與借耳，若事屬一字，字各一義，如遠西因事乃合音，因音乃成字，不重不共，不尤愈乎？（方以智：《膝寓信筆》）

方以智在其著作中也批評西學。他批評西學的「上帝造物」神學觀，以中國古典中「地恆動不止，如人在舟坐，舟行而人不覺」批評地心說，他還指責西學重質測而忽視通

幾。在他的思想中充滿渴望新生而又眷念舊物的矛盾。在會通中西中，他過多地努力於易學的發微。任道斌對其學術傾向之功過有如下評論：

> 　　在西學東漸過程中，方以智對西學採取批判吸收的態度，同時對中國的文化科技作了調查整理。方以智試圖改正西學的不足，然而，三代學《易》家庭的影響，雖給他帶來了自然的樸素辯證法，但這不能完全解釋宇宙，以致使他陷入了形而上學。由於先天的不足，他不可能像牛頓那樣，從科學實踐中去尋求三大定律式的科學觀，只能從《周易》、《河圖》、《洛書》中檢出神秘主義作為改進西學的武器，所以他的嘗試歸於失敗。從方以智身上我們可以看到，一種新文化的傳入，不僅會因為政治因素而受到夭折，而且也會因為學者本身的不成熟，和傳統文化習慣勢力的根深蒂固而遭到夭折。從方以智身上，我們看到晚明文化繁榮進步的短暫。①

二、江永

江永（1681-1726），字慎修，江西婺源人。諸生，晚年方入貢。專治《十三經注釋》，於《三禮》有精深研究

---

①任道斌：《方以智簡論》，載《清史論叢》。

研習西洋曆算，治《易》根於西法。於古今制度、天文地理、鍾律推平，無不深究索隱。學長比堪，博通古今，開清代樸學皖派之先河。弟子眾多，戴震為其中最著名者。著作甚豐，《四庫全書》收其書目 15 種。易學著作有《河洛精蘊》。同科學有關的著作有《翼梅》、《律呂新論》、《律呂闡微》、《春秋地理考實》。

江永為樸學皖派先驅，其傳人戴震雖成樸學一代名師，但未能貫徹江永的實事求是精神，未如江永肯公言其古韻之學根於等韻、象數之學根於西法①。戴震早逝，其後學名家雖眾，能光大其業者限於考據、訓古、音韻。至嘉慶年間，左右曆算研究大方向者為吳派錢大昕和揚派阮元。

江永私淑梅文鼎，但在行星運動理論方面多取西說。他讀《曆算叢書》加以衍繹，著《翼梅》八卷（1740），對梅文鼎以中學附會西學之處，實事求是地予以糾正。

梅文鼎之孫梅瑴成（1681-1763），他作為梅氏曆算學的合法繼承人和御前曆算家，認為江永「主張西學太過」，曾贈聯暗江永：「殫精已入歐羅室，用夏還須亞聖言。」（江永：《翼梅又序》）當他讀過江永的《翼梅》後，認為該書是「入室操戈，復授敵人以柄而助之」，譏其「諂而附之」（梅瑴成：《五星管見附記》）。遂以「用力雖勤，揆之則古稱先，開聖拒邪之旨則大戾矣」為由，拒絕為其作序（梅瑴成：《梅氏曆算全書》曆學疑為跋）。

多年以後，錢大昕（1728-1804）還以這段故事告誡江永弟子戴震（1724-1777）不要因「少習於江而特為之延

譽」，暗示戴震、江永曾受西學「愚弄」。

江永所著《河洛精蘊》九卷，專論河圖洛書。他依周敦頤「聖人之精畫卦以示，聖人之蘊因卦一發」之義，名其書為「河洛精蘊」。

萊布尼茨的易卦二進制解

萊布尼茨的二進制與易學的關係是討論易學與近代科學之相通的一個很合適的案例。萊布尼茨因為從二進制數學理解了六十四卦圖（邵雍的六十四卦方圓圖）而高興地說，幾千年不能很好被理解的奧秘由我理解了，應該讓我加入中國籍吧！他在其致德雷蒙的信中曾這樣敘說他的這一貢獻：

> 《易經》也就是變易之書，在伏義的許多世紀以後，文王和他的兒子周公以及在文王和周公五個世紀以後的著名的孔子，都曾在這六十四個圖形中尋找過哲學的秘密……這恰是二進制算術……在這個算術中，只有兩個符號：0 和 1。用這兩個符號可以寫出一切數字。②

①錢寶琮：戴震算學天文著作考，《浙江大學科學報告》第 1 卷（1934 年），第 1 期。
②萊布尼茨：《致德雷蒙的信：論中國哲學》，譯文載《中國哲學史研究》，1981 年第 3、4 期，1982 年第 2 期。

　　半個世紀前，日本學者伍來欣造在其《儒教對於德國政治思想的影響》中，評論萊布尼茨發現二進制與易圖的一致性時曾說：「二元算術與易，便是東西兩文明之契合點的象徵。」對於這一著名的易學史上的歷史事件，各種書刊有許多失實的報導。主要不實之論是所謂「萊布茨茲受《易經》的啟發創造了二制數學」。

☾ 歷史大略

　　其實萊布尼茨是 1679 年寫出他的二進制數學體系的。他看見易圖是在這之後。萊布尼茨由法國在中國的傳教士白晉（Joachim Bouvet, 1656–1730）看到了易圖。1685 年白晉與洪若翰、李明、張誠、劉應等一起被法王路易十四派來中國傳教。他們於 1687 年到達中國。1689 年康熙皇帝接見了張誠、白晉等懂得科學的傳教士，並請他們在宮廷學滿語，用滿語講數學。白晉受康熙皇帝之命，於 1693 年回法國邀請更多的科學家和攜帶更多的科學書回來。白晉從 1697 年到 1702 年與萊布尼茨有通信交往。萊布尼茨受白晉影響，1689 年開始注意《周易》。

　　1701 年 4 月萊布尼茨把自己的二進制數表給白晉看。同年 11 月白晉把邵雍的伏羲六十四卦次序和伏羲六十四卦方位兩個圖給萊布尼茨，萊布尼茨發現易圖就是 0–63 的二進制數表。根據這個過程，雖然萊布尼茨發表他的論文《談二進制算術》是在 1703 年，但不能認為是他受易圖的啟發發明二進制算術，而是他發現了易圖結構和他的二進制算術的

一致性。英國 E. J. 愛頓的論文《萊布尼茨、中國與二進制》①對於澄清某些不實之詞頗有幫助。我們先根據他的研究列一張年表：

1667 年：萊布尼茨經伯伊奈伯爾克男爵的秘書介紹，與一位曾經寫過有關中國著作的耶穌會會士阿塔那鳩斯·開爾夏相識。

1673 年：萊布尼茨在給倫敦皇家學會的信中談及印戴爾契達所寫的《中國人的學問》一書。

1676 年：萊布尼茨探索「普遍符號」理論引用了中國的資料。

1679 年：萊布尼茨於 3 月 15 日完成「論二進制」論文的初稿，同年他還對密龍拉的手稿《中國語言的關鍵》提出十四點質疑。

1689 年：萊布尼茨與曾在中國生活六年的意大利耶穌會會士克勞習·菲利浦·古里麥蒂相識，得到有關中國的第一手資料。

1696 年：5 月，萊布尼茨同魯道夫·奧古斯特大公談及二進制問題。不久，將其二進制理論寫信告之去中國的一位傳教士。

1697 年：1 月 2 日萊布尼茨將一枚自己設計的二進制紀念章送給奧古斯特大公。同年出版了他的《中國近事》，二進制與中國人思想體系的聯繫在其中開始初步得以表達。從

①譯文載《科學史譯叢》，1985 年第 1 期，第 6—14 頁。

北京回巴黎休假的白晉看到萊布尼茨的書立即寫信給他，告訴他有關中國的最新消息，並將自己的著作《康熙皇帝傳》贈予他。12月2日，萊布尼茨回覆白晉談及他對笛卡爾自然法則的批判及自己的生機論形而上學諸原理。白晉又回信指出萊布尼茨信中所述的形而上學諸原理與中國哲學一致。

1701年：2月15日，萊布尼茨致信給已在北京的白晉，介紹自己的二進制原理。2月26日，萊布尼茨將《試論新數的科學》交給巴黎科學院書記芬托奈爾。4月25日萊布尼茨在該科學院宣讀了他的這篇論文，但要求芬托奈爾暫時不要出版，以便作更充分的研究。11月4日，白晉從北京發出給萊布尼茨的回信，告之他發現六爻易卦與二進制的關係，並寄給他伏羲六十四卦方圓圖和次序圖。

1703年：4月1日萊布尼茨收到白晉1701年11月4日發給他的信和伏羲圖，並立即回信，同時（4月2日）寫信給卡魯路・茂里丟・沃塔，告之白晉的發現。4月7日萊布尼茨將題為《關於僅用0與1兩個記號的二進制算術的說明並附有其效用及關於據此解釋古代中國伏羲圖的探討》的論文交給他的一位老師畢紐恩，以便在科學院的《紀要》上發表。4月17日他又致信倫敦皇家學會的約翰・思，談及他對中國人幾千年的難解之謎作出二進制的解答。

這張年表告訴我們，萊布尼茨在見到易圖前24年就發明了二進制。「萊布尼茨受《易經》啟發創造了二進制數學」之臆說不能再繼續傳訛了。

萊布尼茨不是二進制的最早發明人。在其前，英國數學

家、天文學家哈里奧特（Thomas Harriot, 1560−1612）已在未
發表的手稿中使用過二進制，而另一位發明人厚萬・卡拉麥
爾・伊・洛布克威茲於 1670 年出版的書《兩方面的知識》
中，不僅有二進制而且還有十二進制。

　　萊布尼茨發明二進制的直接啟迪來自他在耶納的老師埃
哈特・瓦伊爾所著關於四進制的一本書。書名為《四合》，
取畢達哥拉斯學派關於 1, 2, 3, 4 加合為 10 之專名。書的作
者把數與神聯繫的思想引起萊布尼茨的興趣。在瓦伊爾看來
四進制是神創造世界的自然體系，所以有四元素、四季、四
方位、四大洋等等。瓦伊爾的體系使他想到更簡單的體系，
即全部數都以 0 與 1 表示。

　　現在我們轉向討論萊布尼茨研究二進制興趣的重振之
機。從他 1679 年寫下二進制算術初稿，到 1695 年與奧古斯
特大公談話重提，中斷期約 20 年。大公對二進制的興趣完
全在神學。他暗示萊布尼茨，一切數都由 0 與 1 創造出來為
《聖經》所述創世紀提供了表象和類比。上帝從無到有地創
造世界恰與一切數源於 0 與 1 的體系對應。

　　萊布尼茨想以大公的這一想法爭取各界對自己的發明關
注。萊布尼茨為自己的「單子」論的哲學體系而接受了大公
的思想。對萊布尼茨來說，上帝保存著已被創造的單子，並
且經由某種發掘連續地產生出這種單子。他向朋友表明，他
在二進制中已經尋找到，從無開始的連續的創造以及這種事
物依存上帝的那種完美的圖像。

　　1 與 0 這兩個符號，反映著上帝與從無到有、肯定與否

定、完美與不完美、主動與被動、表象與本質等事物的起
源。在萊布尼茨看來完美的1和不完美的0是「創造」的基
本象徵。在他獻給大公的紀念章正面有　個頭頂著皇冠的符
號串，表示數字1貫穿0，它也是個希臘字母。其寓意是要
使人想到《聖經》裡的一句話：「必要的東西只能有一
個。」（《路加福音》第10章，第42節）而背面刻的是二
進制數表和計算法實例。在萊布尼茨看來，二進制還體現了
奇妙而美的和諧，即數字的周期分布。

　　萊布尼茨追求的是完美，將周期作為代數演算的對象加
以研究。而巴黎科學院所期待的則是它的實際應用。芬托奈
爾感到，用二進制記數數位要很多，實際應用不方便。而萊
布尼茨則對芬托奈爾不理解自己期望在數論研究方面取得重
大發現而大為失望，但他對於易圖與自己的二進制一致大為
歡心。白晉的發現，雖然不是萊布尼茨所探求的那種應用，
但它可以使他發表二進制合法化，對於芬托奈爾及其他人來
說成為充分的、重大的成果。

　　萊布尼茨之所以接受易圖，還另有一個重要文化因素。
白晉在給他的信中說，伏羲與希臘神話中的赫耳墨斯·特里
吉斯可能是同一個人，因此，中國語言是《聖經》所說洪荒
闢世前的學者們所共同使用的語言，最終追到埃及的象形文
字，中國與埃及文化同源。更進推理下去，還會得出古代中
國人信奉自然神。這一點是很合主張東西方普適宗教統一的
萊布尼茨口味的。如果萊布尼茨知道伏羲圖本為邵雍所創
造，他會採取何種態度呢？

✖邵雍先天圖與二進制數表

從現代數學的觀點分析易圖的結構，始於白晉和萊布尼茨對邵雍先天六十四卦圖的二進制解。計數可以有各種進制。在日常生活中，大都採用十進制。十進制逢十進一，而且十進制中只有 0、1、2、3、4、5、6、7、8、9 十個數碼，不管多大的數目都用這十個數碼表示。

我們在日常生活中也有非十進制計數法。例如，十二進制法，十二個月一年；十六進制法，舊制十六兩一斤；六十進制法，六十秒一分，六十分一小時；一百進制法，一百年為一世紀等。

二進制是逢二進一，且只用 0 和 1 兩個數碼表示所有的二進制數字。如果把陰爻以「0」代替，陽爻以「1」代替，可以看出易卦可以排成二進制數碼組。圖 31 說明八卦和二進制數碼的對應關係。

000	●●●	坤
001	●●○	艮
010	●○●	坎
011	●○○	巽
100	○●●	震
101	○●○	離
110	○○●	兌
111	○○○	乾

圖 31　八卦和二進制數對照表

任何一個 n 位 r 進制整數 N 都可以展開為

$$N_r = \sum_{i=0}^{n-1} K_i r^i$$

其中 K_i 是 i 冪位的數字，r 是記數制的底。K_i 的符號個數等於進制底數 r。

對於十進制記數法展開式變為：

$$N_{10} = \sum_{i=0}^{n-1} K_i 10^i$$

$K_i = 0, 1, 2, 3, 4, 5, 6, 7, 8, 9$。例如，十進制 $N_{10} = 3407$ 的展開為：

$$(3407)_{10} = \sum_{i=0}^{4-1} K_i 10^i$$

$$= 3 \times 10^3 + 4 \times 10^2 + 0 \times 10^+ 7 \times 10^0$$

對於二進制計數法，展開式為：

$$N_2 = \sum_{i=0}^{n-1} = K_i 2^i$$

$K_i = 0, 1$。例如，二進制 $N_2 = 1011$ 的展開式為：

$$(1011)_2 = \sum_{i=0}^{4-1} K_i 2^i$$

$$= 1 \times 2^3 + 0 \times 2^2 + 1 \times 2^1 + 1 \times 2^0$$

$對於三進制計數法，展開式變為：

$$N_3 = \sum_{i=0}^{n-1} K_i 3^i$$

$K_{si}=0,1,2$。例如，三進制數 $N_s3=2102$ 的展開式為：

$$(2102)_3 = 2\times3^3 + 1\times3^2 + 0\times3^1 + 2\times3^0$$

按照二進制我們把邵雍的先天六十四卦序和揚雄《太玄》八十一首序分別譯出，圖32為其對照表。

0000	●●●●	中	000000	●●●●●● 坤
0001	●●●○	周	000001	●●●●●○ 剝
0002	●●●⊙	礥	000010	●●●●○● 比
0010	●●○●	閑	000011	●●●●○○ 觀
0011	●●○○	少	000100	●●●○●● 豫
0012	●●○⊙	戾	000101	●●●○●○ 晉
0020	●●⊙●	上	000110	●●●○○● 萃
0021	●●⊙○	干	000111	●●●○○○ 否
0022	●●⊙⊙	狩	001000	●●○●●● 謙
0100	●○●●	羨	001001	●●○●●○ 艮
0101	●○●○	差	001010	●●○●○● 蹇
0102	●○●⊙	童	001011	●●○●○○ 漸
0110	●○○●	增	001100	●●○○●● 小過
0111	●○○○	銳	001101	●●○○●○ 旅
0112	●○○⊙	遠	001110	●●○○○● 咸
0120	●○⊙●	交	001111	●●○○○○ 遯
0121	●○⊙○	覛	010000	●○●●●● 師
0122	●○⊙⊙	傒	010001	●○●●●○ 蒙
0200	●⊙●●	從	010010	●○●●○● 坎

0201	●◉●○	進	010011	●○●●○○ 渙
0202	●◉●◉	釋	010100	●○●○●● 解
0210	●◉○●	格	010101	●○●○●○ 未濟
0211	●◉○○	夷	010110	●○●○○● 困
0212	●◉○◉	樂	010111	●○●○○○ 訟
0220	●◉◉●	爭	011000	●○○●●● 升
0221	●◉◉○	務	011001	●○○●●○ 蠱
0222	●◉○◉	事	011010	●○○●○● 井
1000	○●●●	更	011011	●○○●○○ 巽
1001	○●●○	斷	011100	●○○○●● 恆
1002	○●●◉	毅	011101	●○○○●○ 鼎
1010	○●○●	裝	011110	●○○○○● 大過
1011	○●○○	眾	011111	●○○○○○ 姤
1012	○●○◉	密	100000	○●●●●● 復
1020	○●◉●	親	100001	○●●●●○ 頤
1021	○●◉○	欽	100010	○●●●○● 屯
1022	○●◉◉	疆	100011	○●●●○○ 益
1100	○○●●	晬	100100	○●●○●● 震
1101	○○●○	盛	100101	○●●○●○ 噬嗑
1102	○○●◉	居	100110	○●●○○● 隨
1110	○○○●	法	100111	○●●○○○ 無妄
1111	○○○○	應	101000	○●○●●● 明夷
1112	○○○◉	迎	101001	○●○●●○ 賁
1120	○○◉●	遇	101010	○●○●○● 既濟

1121	○○⊙○	寵
1122	○○⊙⊙	大
1200	○⊙●●	廓
1201	○○●○	文
1202	○⊙●⊙	禮
1210	○⊙○●	逃
1211	○⊙○○	唐
1212	○⊙○⊙	常
1220	○⊙⊙●	度
1221	○○⊙○	永
1222	○○⊙⊙	昆
2000	⊙●●●	減
2001	⊙●●○	唅
2002	⊙●●⊙	守
2010	⊙●○●	翕
2011	⊙●○○	聚
2012	⊙●○⊙	積
2020	⊙●⊙●	飾
2021	⊙●⊙○	疑
2022	⊙●⊙⊙	視
2100	⊙○●●	沈
2101	⊙○●○	內
2102	⊙○●⊙	去
2110	⊙○○●	晦

101011	○●○○○	家人
101100	○●○○●●	豐
101101	○●○○●○	離
101110	○●○○●	革
101111	○●○○○○	同人
110000	○○●●●●	臨
110001	○○●●●○	損
110010	○○●●○●	節
110011	○○●●○○	中孚
110100	○○●○●●	歸妹
110101	○○●○●○	睽
110110	○○●○○●	兌
110111	○○●○○○	履
111000	○○○●●●	泰
111001	○○○●●○	大畜
111010	○○○●○●	需
111011	○○○●○○	小畜
111100	○○○○●●	大壯
111101	○○○○●○	大有
111110	○○○○○●	夬
111111	○○○○○○	乾

2111	⊙○○○	瞢
2112	⊙○○⊙	窮
2120	⊙○⊙●	割
2021	⊙○⊙○	止
2122	⊙○⊙⊙	堅
2200	⊙⊙●●	成
2201	⊙⊙●○	閾
2202	⊙⊙●⊙	失
2210	⊙⊙○●	劇
2211	⊙⊙○○	馴
2212	⊙⊙○⊙	將
2220	⊙⊙⊙●	難
2221	⊙⊙⊙○	勤
2222	⊙⊙⊙⊙	養

圖32 《太玄》卦和邵雍先天卦的三進制數譯表

　　從圖可以看出邵雍的先天六十四卦序實質上是六位二進制數的自然順序，《太玄》八十一首序是四位三進制數的自然順序。

　　一些報刊的文章在談到二進制數學和易圖的關係時的另一錯誤解是，據此而說易圖是二進制數學。其實易圖不能算二進制數學。易圖本身只不過可以譯成二進制數碼，但它以及它的演成都並不蘊含二進制算法。

焦循的易卦代數解

焦循（1763－1820），字理堂，甘泉（今江蘇揚州）人。出身易學世家。曾祖父焦源為《周易》之學，祖父焦鏡、父焦蔥皆傳易學。焦循 39 歲中舉，會試京都不第後，已無心科舉。歸臥北湖，築雕菰樓教館授徒為業。深居簡出，潛心研讀著述。學識廣博，邃於經義，尤清於天文曆算。僅易學著作就有《雕菰樓易學三書》40 卷（其中《易通釋》20 卷、《易圖略》8 卷、《易章句》12 卷）、《易話》2 卷、《易廣記》3 卷、《注易日記》3 卷、《易補疏》、《易餘籥錄》、《易餘集》。

同科學有關的著作有《里堂學算記》（包括《加減乘除法》8 卷、《天元一釋》2 卷、《釋弧》3 卷、《釋輪》2 卷、《釋橢》1 卷、《開方通釋》1 卷）、《李翁醫記》、《醫說》、《種痘醫書》、《沙疹吾驗篇》、《禹貢鄭注釋》1 卷、《毛詩地理釋》4 卷、《毛詩鳥獸草木蟲魚釋》。

治學善於博採，會通中西百家。為人尚交，與李銳（1769－1817）、汪萊（1768－1813）磋學甚密，被時人稱「談天三友」。

✖焦循的數學觀

焦循認為：

  天算之學有二端：守當時成法，布策推算，
無有差戾，術士之學也：明其義圍蘊，貫而通
之，闡發古先，以啟來者，儒者之學。

  他自己選擇了後一端，潛心研究中西數學，反省並闡發
古義。在《加減乘除釋》中，他以字符代替數字以及對四則
運算的基本定理所進行的討論，可視為當時抽象數學方法的
代表。他的有些數學成果難於同汪、李分開。他們在研討中
互相吸收，各自的著作中彼此都有貢獻。阮元曾說：

  〔焦循〕與吳縣李君尚之（銳）、歙肢汪君
孝嬰（萊），商討算學，是時李仁卿、秦道古之
書，兩君未之見也。乙卯，君（焦循）在元（阮
元）署中，得《益古演段》、《測海圓鏡》二
書，急案尚之，尚之為之疏通證明，君又得秦氏
所為《數學大略》，因撰《天元一釋》二卷、
《開方通釋》一卷。（阮元：《通儒揚州焦君
傳》）

  焦循把他的數學研究方法和知識用於易學研究。他的
《易圖略》即是一部以數學治易學的著作，也是易學數學著
作。其中的旁通、相錯、時行、當位、比例諸圖實屬排列研
究。他這樣敘述他研究易學的實證精神：

　　余學《易》所悟得者有三：一曰旁通，二曰相錯，三曰時行。此三者皆孔子之言也，孔了所以贊伏羲、文王、周公者也。夫《易》，猶天也，天不可知，以實測而知。本經文而實測之，《易》亦漸而明。……余初不知何為「相錯」，實測其經文傳文，而後知比例之義出於相錯，不知相錯，則比例之義不明。余初不知何為「旁通」，實測其經文傳文，而後知升降之錄出於旁通，不知旁通，則升降之錄不著。余初不知何為「時行」，實測其經傳文，而後知變化之道出於時行，不知時行，則變化之道不神。未實測於全《易》之先，胸中無此三者之名。即實測於全《易》，覺經文傳文有如是者，……測之既久，益覺非相錯，非旁通、非時行則不可以解文傳文，則不可以通伏羲、文王、周公、孔子之意。十數年來，以測天之法測《易》，而此三者，乃從全《易》中自然契合。（《雕菰集》卷一六《易圖略·自序》）

　　焦循更以治易學的方法通釋諸經。他以數理形式討論哲學問題。他主張「名主其形，理主其數」的名數觀和「名起於立法之後，理起於立法之先」的法理觀（《加減乘除釋·序》）。他把這種數學哲學用於經學研究，將一切事物的變化歸為「理之一」或「數之約」（《加減乘除釋》卷二）。

　　「談天三友」對於中西得失之爭作了不同的選擇①。李
銳訓服於派規，汪萊自認算學家角色，焦循則矢志「貫通」
中西。李銳受業吳派錢大昕。錢教導他說：

　　　　數為六藝之一，由藝以明道，儒者之學也。
　　自世之學者卑無高論，習於數而不知其理，囿於
　　今不通乎古，於是儒林之實學下同方技，雖多運
　　算如飛，又烏足貴乎。（李銳：《三統術衍鈴・
　　跋》）

　　李銳循規蹈矩，實踐師教，精實疏古，受到垂青。
　　汪萊學慕皖派江永、戴震、金榜、程君易疇學。狂放不
羈，超異難古，本西學立論，坐冷板凳。羅士琳所撰《續疇
人傳》稱其「尤於西學太深，……墨守西法……」。
　　焦循為樸學揚派代表，亦服膺戴震，揚其天文曆算和義
理之學。樸厚篤學，博採中西。為人謙和善交。
　　李銳與汪萊於中西學問之得失，分歧頗大，時有爭論。
焦循認為學術之爭論可貴。下面是他對汪李之爭的態度：

　　　　近世盛行西法，自乾嘉之季迄今，以算學知
　　名者十數，而汪萊教嬰、吳李銳四香之名龍著。
　　二君皆與予善，予嘗招集於秦淮水榭，二君各言
　　中西學得失之故，齗齗辯論不可合。予故未習
　　此。（《包世臣：《費隱與知錄序》）

最後，我們看羅士琳按乾嘉學派價值觀，對「談天三友」所作出的比較評論：

> 然注期於引申古人未言，故所論多創，創則或失於執；焦期於闡發古人所已言，故所論多因，國則或失於平；惟尚之兼二子之長，不執不平，於實事中匪特求是，尤復求精，此所以較勝於二子也。

✖ 乘方表與易卦

在《加減乘除釋》中，焦循對於（a＋b）ⁿ，用中文字甲和乙的互乘列出一個展開表。其表止於 n＝6（按他的術語是五乘方），他解釋說「終於五乘者，取卦終於六十四之義」。無需解釋，他對乘方展開式與易卦結構類比關係是明確的。我們把他的乘方表與易卦對比列出，讀者也不難看出它與易卦結構的對應關係。唯一需要注釋的是表中出現的幾個術語。甲自乘為「方」，乙自乘為「隅」，甲乙互乘為「廉」，並且依乘的次數而有「一乘方」、「二乘方」、三乘方」、「四乘方」、「五乘方」和「第一廉」、「第二廉」、「第三廉」、「第四廉」、「第五廉」。

---

①洪萬生、劉鈍：汪萊、李銳與乾嘉學派，《漢學研究》，第10卷（1992），第1期，第85–103頁。

易學與科技

甲	單方根	○
甲甲	一乘方	○○
甲乙	平方廉一	○●
乙甲	平方廉二	●○
乙乙	平方隅	●●
甲甲甲	再乘方	○○○
甲甲乙	平廉一	○○●
甲乙甲	平廉二	○●○
乙甲甲	平廉三	●○○
甲乙乙	長廉一	○●●
乙甲乙	長廉二	●○●
乙乙甲	長乘三	●●○
乙乙乙	再乘方隅	●●●
甲甲甲甲	三乘方	○○○○
甲甲甲乙	第一廉之一	○○○●
甲甲乙甲	第一廉之二	○○●○
甲乙甲甲	第一廉之三	○●○○
乙甲甲甲	第一廉之四	●○○○
甲甲乙乙	第二廉之一	○○●●
甲乙乙甲	第二廉之二	○●●○
甲乙甲乙	第二廉之三	○●○●
乙甲乙甲	第二廉之四	●○●○
乙甲甲乙	第二廉之五	●○○●
乙乙甲甲	第二廉之六	●●○○

甲乙乙乙	第三廉之一	○●●●
乙甲乙乙	第三廉之二	●○●●
乙乙甲乙	第三廉之三	●●○●
乙乙乙甲	第三廉之四	●●●○
乙乙乙乙	三乘方隅	●●●●
甲甲甲甲甲	四乘方	○○○○○
甲甲甲甲乙	第一廉之一	○○○○●
甲甲甲乙甲	第一廉之二	○○○●○
甲甲乙甲甲	第一廉之三	○○●○○
甲乙甲甲甲	第一廉之四	○●○○○
乙甲甲甲甲	第一廉之五	●○○○○
甲甲甲乙乙	第二廉之一	○○○●●
甲甲乙乙甲	第二廉之二	○○●●○
甲乙乙甲甲	第二廉之三	○●●○○
乙乙甲甲甲	第二廉之四	●●○○○
甲乙甲乙甲	第二廉之五	○●○●○
甲甲乙甲乙	第二廉之六	○○●○●
甲乙甲甲乙	第二廉之七	○●○○●
乙甲乙甲甲	第二廉之八	●○●○○
乙甲甲乙甲	第二廉之九	●○○●○
乙甲甲甲乙	第二廉之十	●○○○●
甲甲乙乙乙	第三廉之一	○○●●●
甲乙乙乙甲	第三廉之二	○●●●○
乙乙乙甲甲	第三廉之三	●●●○○

❖ 易學與科技

甲乙甲乙乙	第三廉之四	○●○●●
甲乙乙甲乙	第三廉之五	○●●○●
甲乙乙乙甲	第三廉之六	○●●●○
乙甲乙甲乙	第三廉之七	●○●○●
乙甲乙乙甲	第三廉之八	●○●●○
乙甲甲乙乙	第三廉之九	●○○●●
乙乙甲甲乙	第三廉之十	●●○○●
甲乙乙乙乙	第四廉之一	○●●●●
乙甲乙乙乙	第四廉之二	●○●●●
乙乙甲乙乙	第四廉之三	●●○●●
乙乙乙甲乙	第四廉之四	●●●○●
乙乙乙乙甲	第四廉之五	●●●●○
乙乙乙乙乙	四乘方隅	●●●●●
甲甲甲甲甲甲	五乘方	○○○○○○
甲甲甲甲甲乙	第一廉之一	○○○○○●
甲甲甲甲乙甲	第一廉之二	○○○○●○
甲甲甲乙甲甲	第一廉之三	○○○●○○
甲甲乙甲甲甲	第一廉之四	○○●○○○
甲乙甲甲甲甲	第一廉之五	○●○○○○
乙甲甲甲甲甲	第一廉之六	●○○○○○
甲甲甲甲乙乙	第二廉之一	○○○○●●
甲甲甲乙乙甲	第二廉之二	○○○●●○
甲甲乙乙甲甲	第二廉之三	○○●●○○
甲乙乙甲甲甲	第二廉之四	○●●○○○

乙乙甲甲甲甲	第二廉之五	●●○○○○
甲甲甲乙甲乙	第二廉之六	○○○●●●
甲甲乙甲甲乙	第二廉之七	○○●○●●
甲乙甲甲乙乙	第二廉之八	○●○○●●
乙甲甲甲甲乙	第二廉之九	●○○○○●
甲甲乙甲乙甲	第二廉之十	○○●○●○
甲乙甲甲乙甲	第二廉之十一	○●○○●○
乙甲甲甲乙甲	第二廉之十二	●○○○●○
甲乙甲乙甲甲	第二廉之十三	○●○●○○
乙甲甲乙甲甲	第二廉之十四	●○○●○○
乙甲乙甲甲甲	第二廉之十五	●○●○○○
甲甲甲乙乙乙	第三廉之一	○○○●●●
甲甲乙乙乙甲	第三廉之二	○○●●●○
甲乙乙乙甲甲	第三廉之三	○●●●○○
乙乙乙甲甲甲	第三廉之四	●●●○○○
甲甲乙乙甲乙	第三廉之五	○○●●○●
甲乙乙甲甲乙	第三廉之六	○●●○○●
乙乙甲甲甲乙	第三廉之七	●●○○○●
甲乙乙甲乙甲	第三廉之八	○●●○●○
乙乙甲甲乙甲	第三廉之九	●●○○●○
乙乙甲乙甲甲	第三廉之十	●●○●○○
甲乙甲乙乙	第三廉之十一	○●○○●●
乙甲甲甲乙乙	第三廉之十二	●○○○●●
甲乙甲乙乙甲	第三廉之十三	○●●○●○

易學與科技

乙甲甲乙乙甲	第三廉之十四	●○○●●○
甲甲乙甲乙乙	第三廉之十五	○○●○●●
甲乙甲乙甲乙	第三廉之十六	○●○●○●
乙甲甲乙甲乙	第三廉之十七	●○○●○●
乙甲乙乙甲甲	第三廉之十八	●○●●○○
乙甲乙甲甲乙	第三廉之十九	●○●○○●
乙甲乙甲乙甲	第三廉之二十	●○●○●○
甲甲乙乙乙乙	第四廉之一	○○●●●●
甲乙乙乙乙甲	第四廉之二	○●●●●○
乙乙乙乙甲甲	第四廉之三	●●●●○○
甲乙乙乙甲乙	第四廉之四	○●●●○●
乙乙乙甲甲乙	第四廉之五	●●●○○●
甲乙乙甲乙乙	第四廉之六	○●●○●●
乙乙甲甲乙乙	第四廉之七	●●○○●●
甲乙甲乙乙乙	第四廉之八	○●○●●●
乙甲甲乙乙乙	第四廉之九	●○○●●●
乙乙甲乙乙甲	第四廉之十	●●○●●○
乙乙乙甲乙甲	第四廉之十一	●●●○●○
乙甲乙甲乙乙	第四廉之十二	●○●○●●
乙乙甲乙甲乙	第四廉之十三	●●○●○●
乙甲乙甲乙甲	第四廉之十四	●○●○●○
乙甲乙乙乙甲	第四廉之十五	●○●●●○
甲乙乙乙乙乙	第五廉之一	○●●●●●
乙甲乙乙乙乙	第五廉之二	●○●●●●

乙乙甲乙乙乙　第五廉之三　　　●●○●●●

乙乙乙甲乙乙　第五廉之四　　　●●●○●●

乙乙乙乙甲乙　第五廉之五　　　●●●●○●

乙乙乙乙乙甲　第五廉之六　　　●●●●●○

乙乙乙乙乙乙　五乘方隅　　　　●●●●●●

圖 33　焦循乘方表與易卦對照

✖ 易代數

沈仲濤的《易卦與代數之定律》和丁超五的《易理新詮》列出四象、八卦和六十四卦的代數解。我們這裡的討論不止於六十四卦，而是依邵雍的思想把它推廣到二項式的無窮次方。

我們先看代數二項式平方 $(a+b)^2$ 的展開式：

$$(a+b)^2 = a^2 + 2ab + b^2$$

如果我們將 a 代之以陰爻，b 代以陽爻，規定 $ab \neq ba$，我們由 $(a+b)_2$ 的展開式：

$$(a+b)^2 = a^2 + ab + ba + b^2$$

可以得到四象：

八卦相當 $(a+b)^3$ 的展開

$$(a+b)^3 = a^3 + ba^2 + aba + a^2b + b^2a + bab + ab^2 + b^3$$

亦即

● ○ ● ● ○ ○ ● ○

對於由 n 爻組成的易卦，我們可以用一個普遍的公式表示，即

$$(X+Y)^n$$

其中 X 代表陽爻○，Y 代表陰爻●，n 是爻數。

當 n = 0 時，得太極。

當 n = 1 時，得兩儀。

當 n = 2 時，得四象。

當 n = 3 時，得八卦。

當 n = 4 時，得十六卦。

當 n = 5 時，得三十二卦。

當 n = 6 時，得六十四卦。

當 n = 7 時，得一百二十八卦。

n 繼續增長，就連續形成易卦的序列。

丁超五在他的《易理新詮》中用二項式展開解釋了四象和八卦及六十四卦的演成。但認為卦圖只是二項式展開的得數，沒有給出演算規則。

我們上面的分析已不限於四象、八卦和六十四卦，而是在邵雍推廣易卦的基礎上，對易卦序列作了完整的分析。不僅如此，我們還要在前面關於易圖排布研究的基礎上說明，邵雍論先天圖排布，旨在闡明易卦是一個 $(X+Y)^n$ 展開的序列。邵雍在《皇極經世書‧觀物外篇》的那段話，講的是從太極開始，一分為二，二分為四，四分為八，一直無限地分下去。他的伏羲八卦次序和伏羲六十四卦次序，就是借助

連續二分法的概念用圖，闡明易卦的各次分裂所對應的卦數。

一次分裂得兩儀，二次分裂得四象，三次分裂得八卦，四次分裂得十六卦，五次分裂得三十二卦，六次分裂得六十四卦。他的圖式只到六十四卦，但文字敘述卻推至無窮。

邵雍的伏羲八卦方位和伏羲六十四卦方位兩圖列出八卦是三爻卦，六十四卦是六爻卦。卦的爻數只用連續二分是得不出來的。他實際上是改造了「八卦相重」的概念，把它變為「兩儀連續相乘」的觀念。

二乘對應得到二爻卦四象，三乘得到三爻卦八卦，四乘得四爻卦十六卦，五乘得五爻卦三十二卦，六乘得六爻卦六十四卦，還可以繼續乘下去。這就是說，邵雍實際上是由連續二分和兩儀連續相乘兩概念說明易卦演成的。

陳夢雷所作六十四卦大成衡圖不只是較詳細地解釋了邵雍的伏羲六十四卦次序，而且暗示爻數遞增。我們摘引他的《六十四卦衡圖說》中的一段話為證：

> 八卦未畫之先，則太極生八卦。八卦既畫之後，則八卦皆可為太極。所謂物物各具一太極者，此也。由是兩儀兩十六，由是而四象得三十二，由是而八卦得六十四。六畫之上無可加，六十四卦之外亦無可益，此數理之自然也。

易卦衍生模式本質上是按二項式展開。如果我們按二項

式定理作普遍的分析，就會看到易圖的數學完美性。

二項式定理說，設 n 是一正整數，則對所有的 X 和 Y，有

$$(X+Y)^n = Y^n + C_1^n XY^{n-1} + C_2^n x^2 Y^{n-2} + \cdots + C_{n-1}^n X^{n-1} Y + X^n$$

$$= \sum_{k=0}^{n} C_k^n X^k Y^{n-k}$$

當以陽爻代 X，陰爻代 Y，n 表示卦的爻數時，就可以算出兩儀、四象、八卦……的卦數以及卦的分類。

n＝0，對應於太極：$C_0^0 = 1$；

n＝1，對應於兩儀：$C_0^1 Y + C_1^1 X$，即

●和○；

n＝2，對應於四象：$C_0^2 y^2 + C_1^2 XY + C_2^2 X^2$，即

●● , ●○ , ○● , ○○。

n＝3，對應於八卦：$C_0^3 Y^3 + C_1^3 XY^2 + C_2^3 X^2 Y + C_3^3 X^3 a$，即

可見邵雍的易圖是二項式展開的圖式。特別值得注意的是，易圖衍生所對應的二項式展開，不是通常的代數二項式，它規定了 X 和 Y 不可對易性，即 XY≠YX。這意味著易圖結構是一種量子代數結構。因此，易圖在數學史上有它

易學與科技

的重要意義。

六十四卦與遺傳密碼表

　　生物遺傳碼與六十四卦的巧合，也是易學與近代科學相通的一種表現。最早注意到生物遺傳碼與六十四卦對應關係的是德國學者申伯格（M. Schonberger）。1973 年，他出版了一本名為《生命的秘密鑰匙：宇宙公式易經和遺傳密碼》①的小冊子，首次闡明了 64 個生物遺傳密碼「詞」與《易經》手續卦之間的對應。

　　自此至今，一些中國人和外國人都還在研究這種對應關係，以圖發展出一種更適當的遺傳密碼表示系統。

　　生物遺傳的物質基礎，是生物細胞核內染色體上的脫氧核糖核酸（DNA）。DNA是由兩條由許多核苷酸鏈構成的雙螺旋結構。每個核苷酸又是由脫氧核糖、磷酸和鹼基構成的。鹼基有四種，每個核苷酸只包含其中的一種鹼基，因此核苷酸也就有四種。

　　生物體的遺傳特徵就是由DNA分子中特定的核苷酸排列順序決定的，並通過DNA分子的復製把遺傳信息一代代地傳下去。在子代的發育過程中，記載在DNA分子中的核苷酸順序上的遺傳信息，經由轉錄和轉譯過程傳給子代，

---

①Verborgener Schliissel zum Leben:Welt－formel I Ching in geneti ccode, Munchen, Bernbarth, 1973.

使子代表現出與親代相似的特徵。

所謂轉錄是根據ＤＮＡ的核苷酸順序決定信使核糖核酸（ｍＲＮＡ）分子中的核苷酸順序，ｍＲＮＡ分子中的核酸順序又決定蛋白質分子中的氨基酸排列順序。在ｍＲＮＡ分子中以一定順序相連的三個核苷酸來決定一種氨基酸。這種核苷酸三聯體稱為三體遺傳密碼。

四種鹼基決定四種核苷酸，因此核苷酸三聯體密碼可由四種鹼基的三排列表示。按組合數學其排列方式為 4^3=64 種，恰與《易經》64 卦相合。

在遺傳學中，四種鹼基分別由四個字母代表。以Ｕ代表鹼基尿嘧啶，以Ｃ代表鹼基胞嘧啶，以Ａ代表鹼基腺嘌呤，以Ｇ代表鹼基鳥嘌呤。因此，氨基酸可由Ｕ、Ｃ、Ａ、Ｇ四個字母的三三組合表示。如果將Ｕ、Ｃ、Ａ、Ｇ分別與易卦的四象太陰（●●）、少陰（○●）、少陽（●○）、太陽（○○）對應，就可以在三聯體密碼表和 64 卦系之間建立起對應關係。

四鹼基與四象的對應關係，純數學地考慮有 16 種可能。如果這種對應真有科學根源，那麼它必然是唯一確定的。為了唯一地決定對應關係，不同的研究者提出了不同的對應規則。潘雨廷、王貴勝根據鍵數的奇偶，顧明依據鹼基環的單雙等等。對應規則的不同，結果也不同。因此，這類研究的全部成果還都不足以給出這種確定性。已有的對應關係列於圖 34 中。

即使確定了唯一的對應關係，遺傳碼的 64 卦排列依然

	太陽 ○○	少陽 ●○	少陰 ○●	太陰 ●●
秦新華	G	A	U	C
蕭景霖	G	U	A	C
徐宏達	U	A	C	G
顧　明	C	U	A	G
潘雨廷	C	U	G	A
王貴勝	C	G	A	U
申伯格	A	G	C	U

圖 34　四鹼基與《易經》四象對應表

UUU	UCU	UAU	UGU
UUC	UCC	UAC	UGC
UUA	UCA	UAA	UGA
UUG	UCG	UAG	UGG
CUU	CCU	CAU	CGU
CUC	CCC	CAC	CGC
CUA	CCA	CAA	CGA
CUG	CCG	CAG	CGG
AUU	ACU	AAU	AGU
AUC	ACC	AAC	AGC
AUA	ACA	AAA	AGA
AUG	ACG	AAG	AGG
GUU	GCU	GAU	GGU
GUC	GCC	GAC	GGC
GUC	GCA	GAA	GGA
GUG	GCG	GAG	GGG

圖 35　遺傳學通用密碼表

UUU	UCU	UGU	UAU
UUC	UCC	UGC	UAC
UUG	UCG	UGG	UAG
UUA	UCA	UGA	UAA
CUU	CCU	CGU	CAU
CUC	CCC	CGC	CAC
CUG	CCG	CGG	CAG
CUA	CCA	CGA	CAA
GUU	GCU	GGU	GAU
GUC	GCC	GGC	GAC
GUG	GCG	GGG	GAG
GUA	GCA	GGA	GAA
AUU	ACU	AGU	AAU
AUC	ACC	AGC	AAC
AUG	ACG	AGG	AAG
AUA	ACA	AGA	AAA

圖 36　申伯格密碼卦表

UUU	UCU	UAU	UGU
UUC	UCC	UAC	UGC
UUA	UCA	UAA	UGA
UUG	UCG	UAG	UGG
CUU	CCU	CAU	CGU
CUC	CCC	CAC	CGC
CUA	CCA	CAA	CGA
CUG	CCG	GAG	CGG
AUU	ACU	AAU	AGU
AUC	ACC	AAC	AGC
AUA	ACA	AAA	AGA
AUG	ACG	AAG	AGG
GUU	GCU	GAU	GGU
GUC	GCC	GAC	GGC
GUA	GCA	GAA	GGA
GUG	GCG	GAG	GGG

圖 37　潘雨廷密碼卦表

CCC	CCA	CCU	CCG	CAC	CAA	CAU	CAG
CUC	CUA	CUU	CUG	CGC	CGA	CGU	CGC
ACC	ACA	ACU	ACG	AAC	CAA	AAU	AAG
AUC	AUA	AUU	AUG	AGC	AGA	AGU	AGG
UCC	UCA	UCC	UCG	UAC	UAA	UAU	UAG
UUC	UUA	UUU	UUG	UGC	UGA	UGU	UGG
GCC	GCA	GCU	GCG	GAC	GAA	GAU	GAG
GUC	GUA	GUU	GUG	GGC	GGA	GGU	GGG

圖 38　蕭景霖遺傳碼 64 卦方圖①

GGG	GGU	GGA	GGC	GUG	GUU	GUA	GUC
GAG	GAU	GAA	GAC	GCG	GCU	GCA	GCC
UGG	UGU	UGA	UGC	UUG	UUU	UUA	UUC
UAG	UAU	UAA	UAC	UCG	UCU	UCA	UCC
AGG	AGU	AGA	AGC	AUG	AUU	AUA	AUC
AAG	AAU	AAA	AAC	ACG	ACU	ACA	ACC
CGG	CGU	CGA	CGC	CUG	CUU	CUA	CUC
CAG	CAU	CAA	CAC	CCG	CCU	CCA	CCC

圖 39　顧明遺傳密碼 64 卦方圖②

UUU	UUA	UUG	UUC	UGU	UGA	UGG	UGC
UAU	UAA	UAG	UAC	UCU	UCA	UCG	UCC
AUU	UAA	UAG	UAC	AGU	AGA	AGG	AGC
AAU	AAA	AAG	AAC	ACU	ACA	ACG	ACC
GUU	GUA	GUG	GUC	GGU	GGA	GGG	GGC
GAU	GAA	GAG	GAC	GCU	GCA	GCG	GCC
CUU	CUA	CUG	CUC	CGU	CGA	CGG	CGC
CAU	CAA	CAG	CAC	CCU	CCA	CCG	CCC

圖 40　王賁勝遺傳密碼 64 卦方圖③

①蕭景霖：《易經與遺傳密碼》，《百科知識》，1986 年第 2 期。
②見顧明：《周易象數圖說》，中國社會科學出版社，1990 年。
③見王賁勝：《密碼卦模型的科學邏輯初探》，載《周易與自然
　科學研究》，丘亮輝等主編，中州古籍出版社，1992 年，第
　279—293 頁。

是不確定的。圖 35 給出的是遺傳學通用的十六碼區密碼表，圖 36 和圖 37 分別是同一形式的兩種密碼卦。而圖 38－40 為三種六十四卦遺傳密碼表。

這三種密碼卦的差別可從重卦法分析看出。顧表是上下體皆為坤、艮、坎、巽、震、離、兌、乾排布的結果。王表上體為坤、艮、坎、巽、震、兌、離、乾，而下體則為坤、艮、震、離、坎、巽、兌、乾。蕭表不可按重卦法分析。

上述五種密碼卦的實質差別由它們所確定的一個起始碼（ＡＵＧ）卦和三個終止碼（ＵＵＡ、ＵＡＧ、ＵＧＡ）卦的不同一目了然。圖 41 所示的各種密碼卦模型之間的巨大差別表明，這類研究尚未達到確定的科學結果。

易學與科技

	AUG	UAA	UAG	UGA
申伯格	頤	遁	旅	否
王賣勝	頤	蹇	艮	萃
潘雨廷	萃	師	坎	升
顧　明	震	井	升	坎
蕭景霖	無妄	井	巽	大過

圖 41　五種密碼卦的差別

第五章
易學與後現代科學

一般來說，傳統的慣性是歷史的阻力。但是，在歷史的轉折關頭，長期被忽視的古代智慧往往成為開闢未來道路的創造源泉。歐洲的文藝復興就是從回憶在中世紀被遺忘的古希臘傳統開始，開創近代科學文明的。向古代思想的這種歸復是事物和思想發展「螺旋上升」規律的表現。恩格斯在《自然辯證法》中曾經寫到：

> 如果說，在細節上形而上學比希臘人要正確些，那麼，總的來說希臘人就比形而上學要正確些。這就是我們在哲學中以及在其他許多領域中常常不得不回到這個小民族的成就方面來的原因之一，他們的無所不包的才能與活動，給他們保證了在人類發展史上為其他任何民族所不能企求的地位。而另外一個原則是：在希臘哲學的多種多樣的形式中，差不多可以找到以後各種觀點的胚胎、萌芽。因此，如果理論自然科學想要追溯自己今天的一般原理發生和發展的歷史，它也不得不回到希臘人那裡去。而這種見解愈來愈為自

己開拓道路。有些自然科學家一方面把希臘哲學的殘渣，例如原子論，當作永恆真理，另一方面卻以培根式的傲慢去看希臘人，理由是他們沒有經驗自然科學，這樣的自然科學家是愈來愈少了。現在唯一希望的是這種見解邁步前進，達到對希臘哲學的真正的認識。①

恩格斯的這段話是對希臘古典哲學的一個正確的歷史評價。然而，一百多年後的今天，一些學者把目光轉向了中國古典哲學。實際上，不少人已經像恩格斯對於古希臘哲學的評價那樣看待中國古典哲學了。例如，量子力學哥本哈根學派的尊師玻爾，認為量子論的認識論問題，在中國哲學家那裡已碰到了。他一生反覆闡述的併協觀念在中國也有它的先河。他親自設計的自己家族的族徽，把太極圖作為圖案的核心，象徵「併協」。

美當代物理學家惠勒發現中國傳統文化中有他的「質樸原理」的先河，說他之所以敬佩中國的傳統，不單在於中國的長城箭垛、帝王陵寢、佛塔古寺等看不盡的物質上的歷史陳跡，更在於中國的許多偉大思想家所留下的精神寶庫②。美國高能物理學家卡普拉 1975 年出版了一本書，叫作《物理學之道》，把現代物理學和東方哲學思想作了對比，企圖說明東方學問的精神和西方的有一個基本的一致。

美國尤里達（R. A. Ureyta）1975 年在《美國物理學雜誌》（第 43 卷第 2 期）上發表的《中國古代的物理學和自

然觀》也認為當今科學所選擇的某些方向，統一整體世界觀的某些方面具有中國的（而非別國的）特點。

這種情況的出現，完全是由於處在科學發展新階段的科學家們，尋找世界觀啟發的努力，而不是由於什麼一時的感情衝動。如果從人類之旅已完成的行程審視這五百多年來的歷史，它是人類走過的道德社會、權勢社會和經濟社會三大段路的最近的一段，人類之旅的前鋒已開始進入智力社會的行程。經濟社會這段行程，以文藝復興發現人和自然開始，以人與自然的分離結束。

當代社會已經陷入人類中心主義的價值取向危機。人和自然關係的異化，已經到了必須作出抉擇，實行文化轉向的歷史關頭。每當人類之旅到達一個行程轉折時，總是要重新確定方向。五百多年來人類理智活動的歷史，可以簡單地概括為：15 世紀中葉文藝復興勃發，16 世紀中葉宗教改革達到高潮，17 世紀中葉笛卡爾（Rene Descarrttes, 1596−1650）哲學獲得勝利，18 世紀中葉啟蒙哲學獨占鰲頭，19 世紀中葉科學攫取權威，20 世紀中葉科學人文主義興起。

歐洲的文藝復興和啟蒙運動為近代科學技術的發展立下了不朽的功績。但是隨著科學技術加速發展而出現的人與自然關係的異化，使啟蒙運動的唯科學論受到懷疑。人本主義

①恩格斯：《自然辯證法》，人民出版社 1971 年版，第 30−31 頁。
②惠勒：《物理學和質樸性》，安徽科學技術出版社，1982 年。

中的反科學論者追究科學技術的「原罪」。於是才有科學人文主義出來矯正這兩者，主張科學文化與人文化的平衡。

　　人類總是生活在過去和未來之間。歷史在前進，人的思維也從不停止，不斷尋求新的、迄今無人知曉的目標。特別是在歷史的重大轉折關頭，人們強烈地想弄明白自己應向何處去，並懷著發現新事物的愉快心情和勇氣走向未來。

　　歷史的步伐正跨進 21 世紀。我們所面臨的新轉變是經濟社會向智力社會的過渡。在這次轉變中科學扮演最重要的角色，技術、經濟、社會方方面面的發展無不涉及科學。當代新科學的世界觀向東方特別是中國古代某些思想歸復的特徵表明，世界文化走向趨同。

　　基於這種文化趨同性，提倡一種以科學新成就為根據的，貫通古今、契合東西的新文化觀，就成為建構世界意義的後現代科學觀的基本進路。

科學與社會進步

　　早在 19 世紀，馬克思（Karl Marx, 1818－1883）就提出「科學是一種在歷史上起推動作用的力量」，「是歷史的有力的槓杆」，「是最高意義上的革命力量」①。在他之前聖西門（Claude Henri Saint - simon, 1760－1825）和孔德（Isidore Auguste Marie Francois - Xavier Comte, 1798－1857）提出過類似的見解。在他之後，特別是在當代，有更多的學者發展了這些思想。

　　聖西門把「理性和科學的進步」看作社會發展的基礎和動力；認為科學革命引起政治革命，政治革命又促進科學革命，二者交替進行，互為因果；他設想未來的社會將把對人的統治變成對物的管理和對生產的組織，也就是把政治變成生產的科學。

　　孔德從「人們的智力是推動社會發展的動力」出發，把人類社會的發展規律歸結為人類智力的發展規律，根據科學精神否定「君權神授」的神權政治，批判空談民主、平等和自由的形而上學時代，推崇實證科學的時代。

　　當代學者們把科學技術革命看作是歷史規律中的現象，已經並且正在對當代科學技術革命進行廣泛而深入的研究。西方一些學者也發揮了馬克思、聖西門、孔德的某些觀點。

　　例如，1920 和 1930 年代開始流行的經濟學制度學派，強調科學在現代文明中的重要作用，把科學技術的生產力作用提高到「至高無上的命令」的地位；1950 和 1960 年代開始流行的「工業社會理論」，提倡建立一種「技術的、科學的或者合理的社會」；1960 和 1970 年代開始流行的「後工業社會理論」，強調在工業社會以後的社會中，主要問題是科學組織問題，因為在此階段，工業力量的強大不是主要的，科學潛力決定國家的實力。

　　回顧科學發展的歷史有助於理解科學在社會進步中的作用。如果我們從科學和社會相互作用的角度來考察，可以看

①《馬克思恩格斯全集》，第 19 卷，第 373 和 375 頁。

到科學已經歷了兩次並正在經歷第三次革命。

第一次科學革命是科學同神學的分離，近代科學成立。它同文藝復興和宗教改革一起促成近代社會的出現。

第二次科學革命是科學同直接勞動分離，科學進入生產力並因而制度化和社會化，這是從 19 世紀開始的。上述馬克思、聖西門和孔德的思想都是第二次科學革命後果的反映。

正在經歷著的這第三次科學革命的表面傾向似乎是科學同經濟和政治更緊密結合，而實質上是科學同經濟的分離。經濟管理權和所有權的分離暗示著這種分離。

第二次世界大戰以來，科學開始規範經濟、規範權力、規範道德，甚至規範一切文化，逐漸顯示它的主宰世界的力量。

上述那些當代學者的一些見識，正是他們對剛開始進行的這次科學革命先兆的某些認識。同政治革命相比，對廣大社會公眾來說，科學革命不是那樣轟轟烈烈，而是靜悄悄地進行。

深刻理解科學發展與社會進步的關係，需要新的社會發展理論。但流行的社會發展理論的一個共同缺陷是採用了單一的「中軸原理」。中軸原理力圖在概念圖式的範圍內以社會的某一因素為軸心，說明社會系統的結構及其演化的特徵。比較流行的中軸原理，主要有道德中軸原理、權勢中軸原理、經濟中軸原理和智力中軸原理。

這些基於單一因素說明社會發展的中軸原理只適用於描

述某處於某個歷史階段的社會形態,把任何一種中軸原理普遍化為歷史的整個進程的中軸原理都將遇到困難。我曾嘗試一種「社會中軸轉換原理」。①

中軸轉換原理的中心思想是,社會的形態取決於社會的中軸結構,社會中軸結構的轉變使社會從一種形態變為另一種形態,呈現社會的階段性發展。

社會結構的形成及其演化取決於道德、權勢、經濟和智力作諸社會要素之間的相互作用。自形成人類社會以來,正是它們之間的相互作用的結果使它們之中的某一因素成為社會結構的中軸,並且這種相互作用也是中軸轉換的根源。

以道德為中軸的社會可稱之為道德社會。當道德中軸轉變為權勢中軸時,社會就進入權勢社會。當經濟取代權勢而成為社會中軸時,社會又進入經濟社會。一旦科學取代經濟成為社會中軸,社會就進入智力社會階段。

按照中軸轉換原理,社會發展的階段性主要表現為社會中軸的不同,或者說支配社會的主要力量不同。作為標誌性特徵,道德社會的支配力量是道德,權勢社會的支配力量是

①我關於社會中軸轉換的思想,在 1987 年 11 月 16 日《科技日報》發表的我的一篇短文《科學發展與社會進步》中,是最早的文字披露。1989 年「五四」運動紀念日前後,在中國管理科學研究院高技術與新文化研究所,我曾邀集一些學界朋友討論過幾次。在取得某種共識的情況下,我寫了一篇題為《社會中軸轉換原理》的短文,發表在 1989 年 5 月 26 日《光明日報》上。從我見到的一些文字材料看,我的這一思想已在學界得到不少響應。

權力，經濟社會的支配力量是財富，智力社會的支配力量是科學。社會階段性變化的本質是支配社會力量的改變。從一種社會到另一種社會的轉變、不僅表現為支配力量的更替、更表現為支配力量的擴散。人類社會進步的本質就是道德、權力、財富和知識的不斷增長、完善和擴散。

以中軸轉換原理為基礎的概念構架，是對以中軸原理為基礎的彼此相互排斥的四種概念構架的一種自然擴展，後者只是作為前者的二級系統包括在其中。任何概念的意義都依賴於它在其中生效的概念構架。所以，只適合於中軸原理構架的各種概念，在中軸原理轉換的普遍構架中，失去了邏輯一致性。

像經濟中軸原理構架中的「資本主義社會」和智力中軸原理構架中的「工業社會」這些概念，不能原封不動地在中軸轉換原理構架中應用，而像「權勢社會」和「經濟社會」這些屬於中軸轉換原理構架中的基本概念，又必須按照中軸轉換原理的構架使用它們。例如，我們不能簡單地把「經濟社會」這一概念，等同於「資本主義社會」或「工業社會」，按照中軸轉換原理的構架，那些在權勢控制下的工業社會，不屬於經濟社會而屬於權勢社會，只有那種擺脫了權勢的工業社會，才能被視為經濟社會。歷史上的法西斯德國和日本以及前蘇聯都不是經濟社會。

社會中軸轉換原理是關於社會發展的一個啟發性原理。它為社會發展研究提供了一種新的理論視角。中軸轉換原理既避免了單一的因果決定論，又允許保留挑選首要邏輯描述

社會發展的趨向性。以中軸轉換原理來觀察當代社會，我們
會看到世界發展是不平衡的。經濟發達國家已經開始從經濟
社會向智力社會轉變，而發展中的國家則尚未完成權勢社會
到經濟社會的轉變。

在從經濟社會走向智力社會的轉變中，作為智力代表的
科學扮演著重要角色。科學在這一轉變中的作用，主要體現
在它的文化功能，而不是像它在經濟社會中那樣，以其生產
力的功能起主要作用。

科學精神的發展和傳播將逐步打破經濟獨占和推進經濟
擴散，並在這種擴散的條件下，進一步發展科學技術，使以
科學為代表的智力，成為主宰世界的力量。

社會召喚新科學

人類生存環境的惡化傾向、高技術評估的困難和文化發
展的不平衡，是科學面臨的三大挑戰。如果科學界、世界公
眾和各國政府都以積極的應戰態度對待，這將是科學轉型的
契機。改變地球南窮北富的世界格局，有待於這種轉變的發
生和發展。

20 世紀以來大規模的戰亂、意識形態的對抗、周期性
的經濟危機、窮國和富國的不平等諸多全球性的問題，構成
了作為「人類生存方式」的文化對人類的嚴重異化。人類創
造文化本為圖生存，而被人類創造的文化，反而發展到威脅
人類生存的地步。這就是文化對人類的異化，或者簡稱為

「文化的異化」。

　　文化異化的最嚴酷的後果是，人與自然關係的異化。人類是自然進化的偶然產物，作為自然進化結果之一的人類，只能是自然界的組成部分，並且只能生活在這產生它的自然界中。作為人類生存方式的文化，不論是以戰爭還是工業以及其他什麼方式造成的對自然界的損害，都是在破壞人類的生存基礎。

　　羅馬俱樂部最先明確揭示給人們的人口膨漲、食物不足、資源短缺、能源匱乏、生態破壞只是這全球性危機的五大因素。人類生存環境的惡化傾向，對以造福人類為其理想目標的科學，提出嚴竣的挑戰。對於科學能不能解決這些問題有兩種態度。羅馬俱樂部的「增長極限」論是一種悲觀的態度。他們的「世界模型」中根本就沒有科學這一最重要的要素。要解決這些問題，作為人類價值基礎的道德固然是首要的，但道德理想的實現還是要依賴科學。科學界要承擔起這一拯救人類的道義責任。

　　自 1970 年代這些問題被廣泛注意以來，科學家們為解決這些問題已經付出了巨大的心力。雖然還遠沒有找到解決所有這些問題的成熟辦法，但隨著科學的發展，今天的暫時無能為力將成為過去。

　　對於科學來講，在這些問題的科學解決過程中，由於對象的複雜以及歷史的和心理的動力，可能導致引起科學整體變革的思想觀念和方法論上的更新。

　　高技術評估的困難還沒有像羅馬俱樂部「警鐘」那樣引

起人們的廣泛警覺。在人們以「指數增長」來形容科學技術高速發展的今天，高技術的發展正以人們來不及預料其後果的速度前進。

科學就其本性來說，在倫理意義上是至善至美的。但科學本身不能至善，它的至善要以技術為仲介。而科學的技術應用，對人類的價值來說，則可能有好壞兩種後果。拋開道德因素致「壞」不論，即使深抱對人類終極命運的關懷，有些「壞」也是難以預料的。

好心辦了壞事在歷史上不是沒有先例的。科學向技術轉移的周期日益縮短，無疑對於技術評估及時性的要求更迫切了。雖然任何技術不盡如人意的後果之責任不在科學，但就技術評估包含科學的預測來說，科學不把這種預測作為自己的目標，會有負於公眾的厚望。

雖然未來學已經發展成一門學科，但涉及科學技術的預測還很少，並且成功率也不高。科學技術預測還主要採用特爾菲法和趨勢外推法，預測本質上還是一門「藝術」。科學史家庫茲涅佐夫（1903-1984）認為，如果預測成為科學創造重的和明顯的因素，那麼科學、邏輯、理智對道德規範的關係也會改變。我們用「科學」這個詞，不如通常習慣的用法那樣，把社會科學排除在外。

科學是多樣化的統一體系，科學的精神氣質不應以其對象的不同而割裂。也不能因社會科學的後進和暫時的不發達而忽視它，科學技術預測更大程度上要依靠社會科學，把眾多的社會技術①儘快地提高到有科學根據的水平。科學不能

控制人的頭腦，至少目前是如此。

　　科學也不單是科學家們的事，對某一科學領域的發展作出令人滿意的評價，並不需要對整個科學領域都很內行。顯然沒有人認為必須寫出文學巨著的人，才能評論莎士比亞的著作；只有能創作與貝多芬交響樂相當的樂曲的人，才能欣賞貝多芬的交響樂。與此類似，那些並不奢望自己在科學上有所建樹的人，他們的良心和見識對正確地評價科學上的成就也很重要。

　　文化發展的不平衡對科學所形成的挑戰更少為人注意。這種不平衡主要表現為科學與人文的分裂、東西方文化的隔閡和「地球村」的南窮北富，後兩者在很大程度上也可以歸為前者。如果把知識比喻為一座「拱門」，那麼在 20 世紀之前人文之柱高於科學之柱，而在 20 世紀之後則相反，科學之柱高於人文之柱。

　　科學與人文的分裂和對立始於近代，隨著科學技術的發展愈演愈烈。以至英國物理學家斯諾（Charles Percy Snow, 1905-1980）著《兩種文化和科學革命》（1959 年），認為兩種文化的分裂和對抗的傾向，使西方人喪失了整體的文化觀，以致 20 世紀的思想界不能對「過去」作出正確的解釋，不能對「現在」作合理的判斷，同時也不能對「未來」有所憧憬和展望。

　　自 1960 年以來，在西方表現出一種對科學公開敵視的情緒，世界大戰的慘酷、機械文明的非人性、核武器的恐怖、地球生態環境的破壞，都被某些人文學者歸罪於科學技

術，作為他們主張削短科學之柱的理由。科學雖然在認識的意義上是不完備的，但科學知識的純潔性是可以信賴的。技術雖然從它誕生起就是反自然的，但是人以其頭腦中的道德理想和理性認識的結合，還是可以控制自己的創造物的。

對待文化的異化，反理性的態度是不可取的。歷史的經驗證明，正確的方法是理性的重建。科學與人文自人類的黎明時期就是結合在一起的，人們感覺到它們之間的分離傾向，只是近四百年來的事。

實際上，總的來說，在人類歷史的漫長道路上，兩者是深沉而持久的侶伴，這是植根於宇宙的和諧和人腦的結構本性之中，而且為人類幸福所必需的。

對於科學與人文重新結合這種理性重建，某些科學家和人文學者不屑一顧，是眼光短淺的表現。只有這種重新結合，東西方的文化隔閡才能消除。也只有在這種重新結合中，發展出一種新科學，才能解決窮國和富國之間的不平等。

依靠當今現有的科學技術條件，僅人均資源這一客觀的

---

① 「社會技術」的概念已被許多學者使用。我曾在 1989 年 5 月 15 日出版的第 269 期《自然辯證法報》上發表題為《論社會技術》的短文。其中我類比「自然技術」物化在工具、儀器、設備之中，認為「社會技術」實化在各種社會組織之中。政治組織（政府、議會、法院等）、經濟組織（工廠、農莊、商店、銀行、保險公司等）、文化組織（學校、醫院等）都是社會技術的載體。各種社會組織運行程序就是社會技術知識，即可操作的社會知識。

約束條件就決定了，眾多經濟不發達國家，要想達到美國那樣的生活水準，是很困難的。希望只能寄於本質上會突破這種約束的新科學。

創建這種新科學，是有史以來最大的「解放全人類」的道義責任。

在科學的道德權威受到威脅時，那些在多種忠誠中玩弄平衡的科學家，無疑是在破壞科學的可靠性和科學在公眾中的威信。

科學愈是不侷限於直接的觀察，愈是深入到自然界的規律中，就更與人接近，更富有人性。愛因斯坦這位科學道德權威的形象就是這樣的新科學的預兆。未來的新科學應該以合乎道德為最高目標①。

中國學者在新科學的催生上，不僅對中華民族的前途負有神聖的使命，而且對全人類也負有道義責任，因為世界不少學者期望在中國尋找新科學的起飛之翼。

在中國尋找新科學起飛之翼

1944 年 2 月，李約瑟（Joseph Needham, 1900－1995），當時任中英科學合作館（Sino - British Science Coop - eration Offiece）的主任，應邀在重慶中國農學會會議上作了題為《中國與西方的科學與農業》②的演講。在這個演講中他第一次明確地提出這樣一個問題：

　　……作為一個整體的近代科學沒有發生在中國，它發生於西方歐美，即歐洲文明的廣大範圍內。這有什麼原因呢？我以為我們必須找出這個原因，因為如果我們不了解它，我們關於科學技術史的觀點就要處於混亂之中。如果我們不了解過去，我們也就沒有多少希望來掌握未來。

　　並且他認為，中國的許多技術發現不是近代科學，也不是理論科學，而是經驗科學。它們與近代科學有很大的區

---

①這裡所說的科學的道德目標，不是外在的而是內在的。科學的目標是獲得可靠的和能造福於人類的知識。科學共同體或稱科學家社會在其長期的科學活動中，為實現這一目標而養成並不斷完善自己的行為規範。科學目標的雙重性決定了科學規範的二重性，它既是技術的又道德的，而且是理性的。我與金吾倫曾合寫過一篇短文，題為《哲學的科學精神》，發表在 1987 年 12 月 28 日《光明日報》上。其中關於科學「理性」我們給出一簡明的陳述，把它分為三個「臺階」：第一臺階是邏輯，第二臺階是數學，第三臺階是實驗。這是我在寫《世界物理學史》過程中悟得的。依據對科學理性的這種理解，我把物理學史概括為五大階段，即思辨物理學、數學物理學、實驗物理學、理論物理學和計算物理學，以展現科學理性的遞進。在從事科學文化史研究的過程中，我越來越感到科學要上一個新臺階。我在我的幾篇文章中都談到，這個新臺階是「價值」。這樣科學理性就包括邏輯的理性、數學的理性、實驗的理性和價值理性。

② Joseph Needham and Dorothy Needham, 「Scienc and Agriculture in China」, Science Outpost, p. 252－258, London:The Pilot Press Ltd, 1948.

別。他從地理、氣候、社會和經濟四個方面的條件考察中國
與西方的不同，提出如下很具刺激性的假設：

> 如果中國有像西方那樣的氣候、地理以及社
> 會、經濟，而我們西方有像中國這樣的相同條
> 件，近代科學會在中國產生，而不是在西方。而
> 西方人就不得不學習方塊字，以便充分掌握近代
> 科學遺產，就像現在中國科學家不得不學習西方
> 語言那樣。

在其後有關中國科學和文明的諸論著中，他力圖研究、
理解並回答這樣兩個最基本的問題：為什麼近代科學革命出
現在西歐而不是出現在中國？為什麼在科學革命產生前的二
千年間，中國在科學技術方面領先於歐洲？

李約瑟認為，傳統的中國科學思想，未能促成產生自歐
洲並持續發展到今天的近代科學，但卻有可能為未來的新科
學開闢道路。

李約瑟把科學的發展區分為古代的、中古的和近代的三
個階段。近代科學是科學發展的現階段，同古代科學和中古
科學相比，它沒有民族的印記，是普遍的世界科學。以這種
科學為參照，李約瑟把中國科學傳統描述為前科學的、原始
科學的或準科學的。

當他把中國科學傳統與相對論、量子力學相比較時，他
發現中國古老的有機哲學，好像是現代科學的一種先覺。在

他看來，未來科學將會比以相對論和量子力學為基礎的現代科學，更全面地實現有機論思想，所以把中國科學傳統與未來科學相比較，具有非常重要的意義。

李約瑟一直堅持認為，不應把傳統的中國科學視為近代科學的一個失敗的原型。他在其《中國科學技術史》第五卷第二分冊的序言中說，道家思想保存著「內在而未誕生的、最充分意義上的科學」，它的發展最終會導致現代科學。

他認為現在的科學不是終極的，而是暫時的，今天的科學決不是未來的科學。在保持其普遍性和連續性的前提下，科學還要變革。在設想科學變革潛力時，李約瑟為中國科學在產生世界新科學的過程中，安排了更崇高的地位：中國科學傳統將為科學的未來發展開闢道路。李約瑟對中國科學傳統充滿激情並且很有信心：

> 直到 17 世紀中葉，中國和歐洲的科學理論大約處於同等水平。僅僅在那段時間之後，歐洲思想才開始迅速向前發展。但是，引導其前進的笛卡爾——牛頓機械論觀點，不能持久地滿足科學的需要。把物理學看作是對更小的有機體之研究和把生物學者作對更大的有機體之研究的時代必將來到。那時，歐洲並且整個世界便能利用一種非常古老的、充滿智慧並且絲毫沒有歐洲特色的思想模式。

　　在討論以羅札克（Theodore Roszak）為代表的「對抗文化」（Counter Culture）和「反科學論」問題時，李約瑟看到了中國文化的特殊價值，並作出充分肯定的評價。1974 年 4 月 29 日他在香港大學演講《對於西方反科學的一個東方透視》①，1975 年 7 月在蒙特利爾加拿大亞洲研究協會上，他演講「歷史與對人的估價」②。

　　他認為，現代自然科學的進步給人類帶來的各種道德上的問題，可從中國文化所包含的偉大的傳統道德精神取得解答，中國人民中的特殊天才，可以在這方面影響整個人類世界，中國人的冷靜頭腦，可用於把西方世界從它陷入的機械唯物論和唯科學主義的深淵中挽救出來。

　　雖然李約瑟的觀點並非無懈可擊，亦非主流，但也不是孤立的。他對中國科學與社會所提出的問題及其解答，得到科學史學界和科學社會學界的一些學者的響應，作為為「李約瑟疑難」而被關注。

　　美國人雷斯蒂沃（SalP. Restivo）曾經寫過一篇評述《李約瑟和中國與現代科學的比較社會學》③。在其中他對李約瑟提出如下質疑：

　　　　存在一種自然科學嗎？它是科學探索分階段發展的結果嗎？李約瑟一直對這兩個問題持肯定態度，但卻由於設想如果近代科學出現在中國，它應當與西方出現的近代科學不同，而不得不發生矛盾。他說他設想的中國近代科學應當是「有

機的、非機械的」，這是否意味著這種科學無需
經過牛頓階段就可以達到愛因斯坦——普朗克階段
嗎？或者是否意味著它可以發展出一種不同類型
的有機的科學呢？如果後者成立的話，李約瑟所
主張的「自然界是一個自然界，自然科學趨於一
種統一的科學世界觀」又怎麼解釋呢？

在雷斯蒂沃的這篇評論中，美國人席文（N. Sivin）的看
法也被介紹。對於在中國尋找新科學的起飛之翼，席文只是
暗示要正視其可能性：「從當代危機的觀點看，我們能夠問
的最有意義的問題之一，確切地說，是如何早一點兒使科學
和文化的其他方面協調共存。……如果習慣、信念和知識有
一種新的協調……它將來自一些我們遠沒進化發育出來的新
的適應模式。」儘管意見分歧，雷斯蒂沃在其評論結的尾處
還是寫下了比李約瑟所說富刺激性的話：

①Joseph Needham,「An Eastern Perspective on Western Anti-Science」,
　Moulds of Understanding, p. 295–304, London：George Allenand Unwin
　Ltd. 1976.
②李約瑟：《歷史與對人的估價——中國人的世界科學技術
　觀》，潘吉星編《李約瑟文集》，第 309–354 頁，遼寧科學技
　術出版社，1985 年。
③Sal P. Restivo,「Joseph Needham and Comparative Sociology of Chinese
　and Modern Science」, Reseach in Sociology of Knowledge , Scienc and
　Art, vo 2（1979），p 25–51

　　我們這些期待「新科學」的人，不能肯定這種新科學會出現，也不能肯定它在什麼地方出現。但是，當我們為了子孫後代而審視現在時，我們不能忽視意欲綜合利用其三法（洋法、土法和新法）的中國，有可能給未來的科學史家帶來這樣一個令人困惑的問題：從 21 世紀才開始認識的新科學何以出現在中國，而不是出現在美國或其他地方。

　　英國天文學家沙里斯（M. Shalliis）1985 年在《復活》第109 期上發表題為《新科學的誕生》的文章，主張新科學應是合乎倫理道德的科學。儘管建立新科學的中心暫時尚未找到，但他認定了前進的目標，他說：「你若問，是否有什麼跡象表明，這樣一種新科學將要問世，我的信念是：前進的唯一道路是轉過身來重新面向東方，帶著對它的興趣以及對其深遠意義的理解離開污穢的西方，朝著神聖的東方前進！唯有到那時，我捫才算達到了一個新的轉折點……不管怎樣，重新面向東方是可能的。但是改變方向的代價將是巨大的和創傷性的。」

易學真理的再發現

　　現代科學家的研究方向，同中國古代思想家們的某些思想如此相近，可見中國古典哲學中，包含著今日科學思想中

的許多萌芽。因此，中國古典哲學是否可以為新科學的誕生提供有益的哲學啟示，就成為值得重視的研究課題。偉大的科學家愛因斯坦關於「重新發現真理」論述，對於我們的論題很有啟發：

> 事物的這種真理必須一次又一次地為強有力的性格的人物重新加以刻畫，而且總是使之適應於雕像家為之工作的那個時代的需要；如果這種真理不總是不斷地重新創造出來，它就會完全被我們遺忘掉。①

回想一下古希臘原子論引入近代科學之後，給科學帶來的巨大推動力，我們將會深刻理解愛因斯坦這段話對我們的論題的意義。古希臘學者德謨克利特和盧克萊修發展起來的原子論，經中世紀的冷落之後，在 17 世紀由於哲學家伽桑狄的提倡而在近代科學中復活。

但是，起初科學家們沿用了古原子論的單質原子概念，以致一百多年沒有取得本質的進展。到了 19 世紀初，道爾頓根據實驗事實，把原子概念從單質原子改造為元素原子，才確立了原子論的科學地位，成為科學的物質概念的基礎，在此基礎上發展出現代原子科學。量子力學創建人之一，海

---

① 許良英等編譯：《愛因斯坦文集》第 1 卷，商務印書館，1976 年，第 84 頁。

森伯（Karl Werner Heisenberg, 1901－1976）在談量子論和原子科學的淵源時曾說過這樣一段話：

> 　　古代哲學的若干陳述還是頗接近於現代科學的那些陳述。這只是表明，將我們未曾做過實驗就具有的關於自然的日常經驗，同在這種經驗中尋求某種邏輯秩序，以便根據普遍原理來理解這種經驗的不懈努力相結合，人們能到達怎樣的境地。①

　　在現代自然科學發展趨向在某種程度上，要求回到中國古代人的自然觀的情況下，為在中國尋找新科學的起飛之翼，我們就面臨著一個「重新發現真理」的任務。這種發現不可能一蹴而成，亦會有熱熾的爭論，但是值得冒險的。香港中文大學哲學系主任劉述先說：

> 　　……西方有些人像卡普拉已不願侷限在傳統的窠臼之內，由於他注意到這方面的問題，乃提出物理學「道」而引起熱熾的討論。這方面自難作成任何定論，但觀念的冒險需要開拓新的視野，卻是無可厚非的。②

　　中國古代數學家秦九韶重新發現易學真理，創「大衍求一術」，和西方近代化學家道爾頓重新發現希臘原子論真

理，而建立科學的原子理論，都是「冒險」的勝利。重新發現真理需要嚴肅的科學態度，絕不是把古典著作中的某些概念和現代自然科學術語作簡單的類比所能做得到的。在重新發現易學真理的種種努力中，尚無公認的成功之例。我自己也曾有些試探，其中可以在這裡向讀者介紹的是，我發現易學符號系統中所蘊涵一種思想，可以再造出我稱之為「變維空間」的新概念。它可以從易卦的幾何解釋引出。

易卦卦爻的次序性，使我們可以把每卦看作一個 n 數組 $u = (u_1, u_2, u_3 \cdots u_n)$，即 n 個數一組。我們知道在三維空間裡，一個點的位置由笛卡爾坐標系的三個坐標確定。八卦的每卦都是三爻，從下到上規定它們的順序，猶如笛卡爾坐標的（x，y，z）數組，如果我們規定陽爻○為 +a，陰爻●為 -a，則八卦中每卦都是由 a 和 -a 表示的數組：

坤　　●●●（-a，-a，-a）

艮　　●●○（-a，-a，+a）

坎　　●○●（-a，+a，-a）

巽　　●○○（-a，+a，+a）

震　　○●●（+a，-a，-a）

①海森伯：《物理學和哲學》，商務印書館，1981 年，第 37 頁。

②劉述先：《由天人合一新釋看人與自然的關係》，《分析哲學與科學哲學論文集》（新亞學術集刊第九集），第 340-351 頁，香港中文大學新亞書院，1989 年。

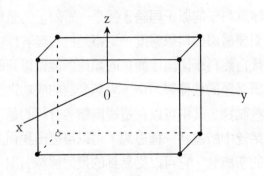

圖 42　八卦立方點陣

離　　○●○（+a，-a，+a）

兌　　○○●（+a，+a，-a）

乾　　○○○（+a，+a，+a）

如果我們認為把陽爻（—）視為 +a，陰爻（--）視為 -a 是可以的。那麼八卦的每卦就代表著三維空間裡一個矢量的位置，或者說代表三維空間裡的一個確定的點。這八個點分布在八個象限，形成一個立方點陣，如圖 42。

一般地說，由 n 爻組成的易卦可以視為 n 維空間的點陣，n 是空間的維數。

n = 1 是兩儀，可視為一維空間直線點陣。

n = 2 是四象，可視為二維空間四方點陣。

n = 3 是八卦，可視為三維空間立方點陣。

n = 4 是十六卦，四維空間的四方點陣。

n = 5 是三十二卦，五維空間的五方點陣。

n = 6 是六十四卦，六維空間的六方點陣。

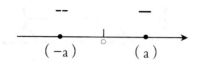

圖43 兩儀直線點陣

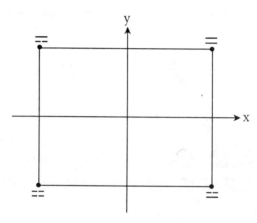

圖44 四象四方點陣

　　隨著爻數 n 的增長，易卦的空間維數繼續增高。

　　兩儀的直線點陣如圖43。四象的四方點陣如圖44。

　　高於三維的空間點陣，可由降階投影作形象理解。我們
先看看立方點陣在二維空間和一維空間的投影。

　　在二維空間的投影即在一個坐標平面（x , y）上投影。
一個立方點陣在一個坐標面正投影的結果是，八個點變成了
四個二重點，即兩兩相重合在一起。為了在二維空間裡表示
三維空間的點陣，我們可以引進局部坐標。即在平面上的四

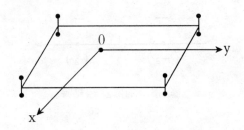

圖 45　八卦立方點陣的二維空間表示

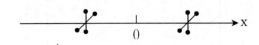

圖 46　八卦點陣的一維空間表示

個二重點處引進一個垂直於該坐標面的一維局部空間坐標，把二重點拉開。這樣，就好像在一個平面上有四個豎立的啞鈴，如圖 45。

　　立方點陣在一維空間的投影即在一個坐標軸上的投影。這可以由兩步完成：先在一個坐標面上作正投影，再把它在一個坐標軸上作正投影。這樣投影的結果，八個點變成了一個坐標軸上的兩個四重點。在這兩個四重點引入的局部坐標必須是二維的。如圖 46 所示，立方點陣成了在兩個四重點處各置一對交叉的啞鈴。

　　三維空間在二維空間的投影可把三維空間分解為（2＋1）維，三維空間在一維空間的投影可把三維空間分解為（1＋2）維。

　　類似地，我們可以把六十四卦所代表的六維空間點陣投

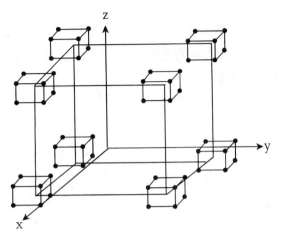

圖47　六十四卦點陣的三維空間表示

　　影到三維空間，也就是分解為（3+3）維來理解。這樣，六維空間的六十四個點在三維空間的投影就是八個八重點，即每個點代表六維空間的八個點。在這八個重點引入三維局部坐標，就如圖47所示，每個點是一個小立方點陣。

　　在易學中易圖的衍生代表事物由簡到繁的演進。太極生兩儀，兩儀生四象，四象生八卦……，這種一生二，二生四，四生八……的易卦衍生次序對應著空間維數的增加。因此，易圖的空間結構是一個變維序列，從太極的零維變而為兩儀的二維，進而再變為三維、四維、五維、六維……。

　　易圖的這種維數可以叫它「狀態維數」，因為它表示的是關於狀態的一種度量。陰陽兩種狀態作排列組合，兩個一組有四種可能，即所謂四象；三個一組有八種可能的狀態，即所謂八卦；如此等等。排列可能的狀態數同組成狀態的元

素數以及狀態數之間，有確定的數學關係。如果把基本狀態數記作 r，組成狀態的元素記作 D，可能的組成狀態數記作 N（r），那麼有：

$$N（r）= r^D$$

兩邊取對數有：

$$D = \log N（r）/ \log r$$

《周易》系統的易圖 r = 2，對兩儀有 N（2）= 2，D = 1；對四象有 N（2）= 4，D = 2；對八卦有 N（2）= 8，D = 3；……。《太玄》系統的易圖由三個基本狀態四個一組組合成八十一首。八十一首的維數為：

$$D = \log 81 / \log 3 = 4$$

《太玄》易圖也是一個變維序列，其狀態維數的一般表示為：

$$D = \log N（3）/ \log 3$$

易學與未來科學

談論「未來」意味著「預測」。但「預測」這個詞用到「科學」這個對象上，在科學的預測意義上委實有點勉強。這是因為，真正科學的預測必須以其對象的規律為依據，而把科學作為研究對象的科學史學、科學哲學、科學社會學等諸學科成果的總和，也尚未能清楚地揭示出精確可靠的科學發展規律。科學預測面臨著尚待克服的悖謬：發展很不充分的學科為發展較為充分的學科進行預測。但是，有關科學未

來的預測，畢竟不是毫無根據的猜測，雖然不免充滿詩情畫意而終非詩人的幻想。至少它們有某種歷史的根據。現在被稱為「科學預測學」的諸多方法，究其實質不外歷史和現狀的某種方式的外推。

　　儘管不斷進展的科學從不顧及其歷史，但歷史卻一直是它的導向。為 20 世紀科學提供了啟蒙哲學的奧地利物理學家馬赫（Ernst Mach, 1838－1916）和法國數學家彭加勒（Jules Henri Poincare, 1854－1912）都曾論說：預見科學未來的正確方法是研究它的歷史和現狀。馬赫關於力學史的研究成果導致愛因斯坦（Albert Einstien, 1879－1955）創造相對論的事實，使彭加勒的名言「科學史應該是我們的第一導向」更為可信。其實，歷史與未來相關的思想淵源久遠。不僅《易

---

①根據柯恩（I. Bernard Cohn）在其《科學中的革命》（Revolutionin Sience, 1985）中統計，18 世紀以來曾有 16 位科學家把他們自己的某項科學工作說成是「革命的」或「革命性的」。他們是西梅耳（Robert Symmer, 1707－1763）、馬拉（Jean-Paul Marat, 1743－1793）、拉瓦錫（Antoine - Laurent Lavoisier, 1743－1794）、李比希（Justusvon Liebig, 1803－1873）、哈密耳頓（William Rowan Hamilton, 1805－1865）、達爾文（CharlesR. Darwin, 1809－1882）、魏爾肖（Rudolf Virchow, 1821－1902）、康托（George Cantor, 1845－1918）、愛因斯坦（Albert Einstien, 1879－1955）、閔可夫斯基（Herman Minkowski, 1864－1969）、勞厄（Maxvon Laue, 1879－1960）、威格納（Alfred Wegener, 1902－）、康普頓（ArthurH. Compton, 1892－1962）、朱斯特（Ernest EverrettJust）、沃森（James D. Watson）和曼德耳勃羅（Benoit Mendelbrot）。實際上，他們並非都引發了革命。

傳》有「察往知來」之論，而且王充（27-97？）還提出「揆端推類」的預測方法論，主張「推原往驗以處來」。科學家自己常常照歷史預測科學的未來。①

第一次世界大戰之後，歷史學家們開始以一種新的見識重新審視人類的歷史。德國歷史哲學家斯賓格勒（Oswald Spengler, 1880-1936）發表的 2 卷本《西方的沒落》（1918-1922）預言歐洲衰退而引起震驚。他被稱為「歷史學的哥白尼」。其後又有英國歷史學家湯恩比（Arnold Toynbee, 1889-1975）由東西方對比研究得出新的預言：一切文明都有興衰。與此同時，以法國歷史學家布勞迪耳（Fernand Braudel）和費伊耳（Lucien Fauil）為中心，經由《年鑒：經濟、社會》（1929 年創刊）發展出一個被稱為「年鑒」派的歷史學共同體。

這個學派不追求一般的預言，而是以重建經濟、社會、文明三元互動相關的歷史結構為其目標。這種整體論的歷史觀，把作為 19 世紀精英文化中軸的科學，包括在一般歷史研究的視野之內。一般歷史學的這兩種潮流，大手筆的預言和全方位的構造，都引起科學史家的興趣。

法國科學史家科瓦雷（Alexandre Koyre'）和美國科學史家庫恩（ThomasS. Kuhn）率先採取「年鑒」派的歷史態度，合內外史為一，開一代科學史研究的新風。庫恩的《科學革命的結構》（1962）是科學史研究這一轉向的象徵。關於科學發展的規律性已得到一些粗略的認識，如科學文獻近乎指數的增長、科學重心的學科更替、科學地理中心的轉移、科

學理論的範式變革等。庫恩的「危機」導致「革命」的思想，雖說是針對理論轉型說的，對分析我們所面臨的世紀之交的科學整體發展，也能提供有用的啟迪。

我們這個世紀的科學家對科學現狀的感受，與上個世紀末的物理學家們當時的那種感覺大不相同。19世紀末的物理學家們，經受了從相信物理學大廈已經建成，到驚呼物理學基礎概念發生危機的巨變。

而本世紀的科學家們，由於關於量子論和相對論概念基礎方面的持久不息的爭論，一直感到科學大廈的基礎不穩，並且有些實驗也具有幾分動搖基礎的性質，但從未有人發出有關科學概念基礎發生危機的呼吁。這或許是量子論和相對論在科學的各個領域擴展和應用的成功，以及其遠未到達止境的技術應用前景，引開了大多數科學家對科學深層基礎的足夠充分的關注。

如果審視科學活動的知識體系和社會體制關係的現狀，我們發現其特點是，一方面本世紀中葉以來科學被普遍地納入國家體制，另一方面純科學重大選題的85%獨立於社會的實用需要。這表明科學的獨立性和自主性在科學的發展中起主導作用。因此，就以物理科學為核心的科學知識體系，目前的不引起嚴重危機感的平穩發展態勢看，三十年之內可能不會有深層基礎的突破，外延擴展和技術應用的開拓，可能是科學活動的主戰場。因此，對諸多有關科學革命的預言要有所保留。

與科學知識基礎的這種感覺上的平穩發展相反，科學的

社會危機卻有如深潭激蕩，猛似急風暴雨。在第一次世界大戰之後，30 年代西方世界的經濟大蕭條、40 年代更為殘酷的法西斯侵略戰爭、50 年代資本主義和社會主義兩個世界體系的冷戰、60 年代世界性的學生運動、70 年代生態破壞的嚴重衝擊、80 年代以來東歐的轉向及蘇聯的解體，這些大動蕩把個人、社會和環境三個層面的不安全都展現在人類面前，全球性的危機出現了。

在這全面危機中，科學的純潔性受到懷疑，傳統的科學世界觀被嚴加批評，科學與人文的分裂備遭譴責。羅出扎克的《對抗文化》（1969）、柴谷篤弘的《反科學論》（1973）、卡普拉的《轉折點》（1982）是批判有關傳統科學問題的代表性著作。

以《大國興衰》（1987）預言美國走向相對衰退而名聞世界的肯尼迪（PaulKennedy），其作為一般史學的新作《為21 世紀作準備》（1993），對於與技術、經濟變化、人口增長有關的人類遭遇，給出了一個歷史的透視。

如我們前面所指出，科學所面臨的三大挑戰，人類生存環境的惡化傾向、高技術評估的困難和文化的不平衡，這種社會需求和科學自身發展兩者的軌跡，可能在三十年後達到它們的交匯點。三十年內大概不會發生科學概念基礎的突破，但是三十年之後卻可能走上新科學誕生的歷程。

新科學的內容必定同解決人與環境的和諧、科學與人文的平衡、科學本身的系統整合等問題相聯繫。新科學的誕生很可能伴隨著科學地理中心的轉移而形成。

　　美國前國務卿季辛吉最近答記者問時談及，十年之內美國左右世界局勢的地位不會動搖，但二十五年之後將不得不考慮中國這個競爭對手。新科學是誕生在美國還是其他什麼地方？不得而知。如果確有文明興衰規律，並且日本湯淺光沼的科學地理中心轉移律成立，那麼科學中心的轉移遲早是要發生的。中國科學家也應準備為爭取這次機遇，發揮自己的創造性。

　　現在就要為在未來的新科學設計後現代的科學觀。歷來哲學同自然科學存在著密切關係。在古代，人類只有一門總括的知識，就是哲學。

　　就歐洲而論，到亞里士多德時代，哲學才開始分化，出現了自然學（關於自然的知識）、倫理學（關於社會的知識）和邏輯學（關於思維的知識）三個主要分支。

　　自然學進一步發展，又分化出分門別類研究自然各個領域的分科之學，於是以數學方法和實驗方法相結合的嚴密的經驗自然科學，在近代誕生了。隨著近代科學的誕生，自然科學中把自然界作為整體來研究的思想延續下來，而成為同自然科學相脫離的「自然哲學」。自然科學的發展，一方面促成哲學產生反思辨形而上學的傾向，另一方面也使得自然科學內部產生了認識論的變革，從而衝破了哲學同自然科學分離的思想，開拓了兩者結合的新道路。

　　這大約發生在 19 世紀後半葉。所以，從自然科學發生和發展的歷史看，自然學（古代哲學的一部分）就是前科學。作為前科學的《周易》這部古典，歷來仁者見仁，智者

見智。猶如觀看一場精採的雜技表演，一般觀眾為演員的驚險動作喝彩，而力學家欣賞的則是演員掌握各種力學原理的能力，巫師和方士把《周易》作為占筮的迷信工具，哲學家則潛心探求其哲學奧義，歷史學家要從中了解產生它的那個時代的社會，科學家致力於發現其中的科學含義。所以梁啟超稱《周易》為「數理哲學」，而萊布尼茨則稱它為「最古老的科學」。臺灣學者黎凱旋與自然科學家討論，提出了《周易》中所蘊涵的若干「宇宙最高原理」：

> 最近十多年來，我曾和不少中外數理科學家見面，每次在討論到《易經》的原理和方法技術時，大家都一致認為，《易經》中實含具有宇宙最高原理。所謂「宇宙最高原理」，即宇宙萬物所含具的共通的原理，也就是宇宙萬物萬事及一切學問都離不了的共通原理，包括對稱原理、平衡原理、和諧原理、循環原理、生生原理、穩定原理等等。①

《周易》中的哪些思想對建構後現代科學觀有意義？按我的認識，生成原理和循環原理這兩個宇宙秩序原理，「天工開物」觀和「道術一本」觀這兩個科學技術觀，仍有巨大的意義。

「生成原理」強調以「產生」和「消滅」或者「轉化」闡述變化，與主張變化是不變的要素之結合和分離的「構成

論」相對立。生成論和構成論的差別是造成東西方傳統科學差異的總根源。以產生和消滅或者轉化為特徵的基本粒子現象表明,以構成論為特徵的近代科學正在轉向生成論的現代科學。量子矩陣力學創始人德國物理學家海森伯是其中的先覺者。現代宇宙學家霍金的「宇宙創生於無」的理論和惠勒關於物理定律的「質樸性原理」,都是從「無」到「有」地創生。18 世紀的啟蒙思想確立的「分析建法」,把認識對象分析還原為它的終極要素,然後在思想中把這些要素重建為一個整體的方法,儘管它作為啟蒙運動的「理性」旗幟極有力地推動了自然科學和社會科學的發展,並鑄成 19 世紀這個科學世紀,但是現代科學的發展,顯示它不再完全適合於科學的繼續發展,已趨向被「生成論」取代。這種取代過程實質上是一種新啟蒙運動。

同 18 世紀用分析重建法認識自然和社會類比,新的科學啟蒙思想的方法論核心,是以生成原理和經驗原則結合為其框架認識自然和社會,處理種種問題。

我們也可以給這種方法論一個名稱標誌它的特徵,不妨叫它「整體生成法」。

「循環論」對克服生物進化論和熱退化論的矛盾具有「回天」之力。儘管生物進化論已被推廣為社會進化論,但進化的度量問題並沒有真正解決,並且存在始終點的疑難。

---

①黎凱旋:易經的宇宙最高原理,《中華易學》,第 7 卷 (1986)第 9 期,第 8—12 頁。

物理學給出的進化度量是對稱性的破缺，但也未能解決宇宙的起始和終結。物質、能量轉化守恆的科學原理，在物質、能量種類有限的條件下，在邏輯上要導致終歸被耗盡而達終點的悲觀結論，只有宇宙大循環才有「回天」之力。循環原理為建立宇宙整體的大循環提供了原型。

自然科學要尋找各種循環原理，至少要有物質、能量和信息三個科學循環原理才能組成宇宙大循環，克服物質、能量、信息被耗盡的危機，給人類以樂觀的科學根據。穩恆態宇宙理論的創始人邦迪（Hermann Bondi, 1919−）1957 年提出的負質量的概念，為物質自己運動提供了一個思辨的科學模型。「能量循環」概念已被思考。①

「天工開物」和「道術一本」作為科學技術觀，把技術視為溝通人與自然的仲介，而不是作為人類掠奪自然的工具和權力控制人的工具。這種觀點，有利於克服不考慮後果的技術的濫用。

《大戴禮記・易本命》如是說：「好壞巢破卵，則鳳凰不翔焉。好竭水撲魚，則蛟龍不出焉。好刳胎殺夭，則麒麟不來焉。好填溪塞谷，則神龜不出焉。故王者動必以道，靜必以理。動不以道，靜不以理，則自夭而壽，妖孽數起，神靈不見，風雨不時，暴風水旱並興，人民夭死，五穀不茲，六畜不蕃息。」

宋初理學家程頤主張「在為理，處物為義」是很有道理的。所以朱熹論格物力主「合內外」：「有人問：格物云合內外始得，朱子曰：他內外未嘗不合，自家知得物之理如

此，則因其理之自然而應之，使見合內外之理；目前事事物
物皆有至理。如一草一木，一禽一獸，皆有理；自家知得萬
物均氣同體，見生忍見死，聞聲不忍食肉，非其時不伐一
木，不殺一獸，不殺胎，不殀夭，不覆巢，此便是合內外之
理。」（《朱子語類》卷十五）

　　這種基於人與自然和諧的思想，既是古老的又是最新
的。人類經歷了五百年與她的母親大自然搏鬥之後，才從成
功的苦頭中體悟到古代東方賢哲的睿智，科學技術必須以倫
理道德為最高目標。

---

①徐業林：《從單一室溫環境獲得能量的實驗與研究》，科學出
　　版社，1988 年。

大展出版社有限公司
品冠文化出版社

圖書目錄

地址：台北市北投區(石牌)　　電話：(02)28236031
　　　致遠一路二段 12 巷 1 號　　　　28236033
郵撥：0166955〜1　　　　　　傳真：(02)28272069

1

7.	避孕	早乙女智子著	200 元
8.	不孕症	中村春根著	200 元
9.	生理痛與生理不順	堀口雅子著	200 元
10.	更年期	野末悅子著	200 元

・傳統民俗療法・品冠編號 63

1.	神奇刀療法	潘文雄著	200 元
2.	神奇拍打療法	安在峰著	200 元
3.	神奇拔罐療法	安在峰著	200 元
4.	神奇艾灸療法	安在峰著	200 元
5.	神奇貼敷療法	安在峰著	200 元
6.	神奇薰洗療法	安在峰著	200 元
7.	神奇耳穴療法	安在峰著	200 元
8.	神奇指針療法	安在峰著	200 元
9.	神奇藥酒療法	安在峰著	200 元
10.	神奇藥茶療法	安在峰著	200 元

・彩色圖解保健・品冠編號 64

1.	瘦身	主婦之友社	300 元
2.	腰痛	主婦之友社	300 元
3.	肩膀痠痛	主婦之友社	300 元
4.	腰、膝、腳的疼痛	主婦之友社	300 元
5.	壓力、精神疲勞	主婦之友社	300 元
6.	眼睛疲勞、視力減退	主婦之友社	300 元

・心 想 事 成・品冠編號 65

1.	魔法愛情點心	結城莫拉著	120 元
2.	可愛手工飾品	結城莫拉著	120 元
3.	可愛打扮 & 髮型	結城莫拉著	120 元
4.	撲克牌算命	結城莫拉著	120 元

・少年偵探・品冠編號 66

1.	怪盜二十面相	江戶川亂步著	特價 189 元
2.	少年偵探團	江戶川亂步著	特價 189 元
3.	妖怪博士	江戶川亂步著	特價 189 元
4.	大金塊	江戶川亂步著	特價 230 元
5.	青銅魔人	江戶川亂步著	特價 230 元
6.	地底偵探王	江戶川亂步著	
7.	透明怪人	江戶川亂步著	

・武 術 特 輯・大展編號 10

・原地太極拳系列・ 大展編號 11

・名師出高徒・ 大展編號 111

・實用武術技擊・ 大展編號 112

·道學文化· 大展編號 12

1.	道在養生：道教長壽術	郝　勤等著	250元
2.	龍虎丹道：道教內丹術	郝　勤著	300元
3.	天上人間：道教神仙譜系	黃德海著	250元
4.	步罡踏斗：道教祭禮儀典	張澤洪著	250元
5.	道醫窺秘：道教醫學康復術	王慶餘等著	250元
6.	勸善成仙：道教生命倫理	李　剛著	250元
7.	洞天福地：道教宮觀勝境	沙銘壽著	250元
8.	青詞碧簫：道教文學藝術	楊光文等著	250元
9.	沈博絕麗：道教格言精粹	朱耕發等著	250元

·易學智慧· 大展編號 122

1.	易學與管理	余敦康主編	250元
2.	易學與養生	劉長林等著	300元
3.	易學與美學	劉綱紀等著	300元
4.	易學與科技	董光壁　著	280元
5.	易學與建築	韓增祿　著	280元
6.	易學源流	鄭萬耕　著	元
7.	易學的思維	傅雲龍等著	元
8.	周易與易圖	李　申著	元

·神算大師· 大展編號 123

1.	劉伯溫神算兵法	應　涵編著	280元
2.	姜太公神算兵法	應　涵編著	280元
3.	鬼谷子神算兵法	應　涵編著	280元
4.	諸葛亮神算兵法	應　涵編著	280元

·秘傳占卜系列· 大展編號 14

1.	手相術	淺野八郎著	180元
2.	人相術	淺野八郎著	180元
3.	西洋占星術	淺野八郎著	180元
4.	中國神奇占卜	淺野八郎著	150元
5.	夢判斷	淺野八郎著	150元
6.	前世、來世占卜	淺野八郎著	150元
7.	法國式血型學	淺野八郎著	150元
8.	靈感、符咒學	淺野八郎著	150元
9.	紙牌占卜術	淺野八郎著	150元
10.	ESP 超能力占卜	淺野八郎著	150元

・青春天地・ 大展編號 17

・實用女性學講座・ 大展編號 19

1.	解讀女性內心世界	島田一男著	150 元
2.	塑造成熟的女性	島田一男著	150 元
3.	女性整體裝扮學	黃靜香編著	180 元
4.	女性應對禮儀	黃靜香編著	180 元
5.	女性婚前必修	小野十傳著	200 元
6.	徹底瞭解女人	田口二州著	180 元
7.	拆穿女性謊言 88 招	島田一男著	200 元
8.	解讀女人心	島田一男著	200 元
9.	俘獲女性絕招	志賀貢著	200 元
10.	愛情的壓力解套	中村理英子著	200 元
11.	妳是人見人愛的女孩	廖松濤編著	200 元

・校園系列・ 大展編號 20

1.	讀書集中術	多湖輝著	180 元
2.	應考的訣竅	多湖輝著	150 元
3.	輕鬆讀書贏得聯考	多湖輝著	180 元
4.	讀書記憶秘訣	多湖輝著	180 元
5.	視力恢復！超速讀術	江錦雲譯	180 元
6.	讀書 36 計	黃柏松編著	180 元
7.	驚人的速讀術	鐘文訓編著	170 元
8.	學生課業輔導良方	多湖輝著	180 元
9.	超速讀超記憶法	廖松濤編著	180 元
10.	速算解題技巧	宋釗宜編著	200 元
11.	看圖學英文	陳炳崑編著	200 元
12.	讓孩子最喜歡數學	沈永嘉譯	180 元
13.	催眠記憶術	林碧清譯	180 元
14.	催眠速讀術	林碧清譯	180 元
15.	數學式思考學習法	劉淑錦譯	200 元
16.	考試憑要領	劉孝暉著	180 元
17.	事半功倍讀書法	王毅希著	200 元
18.	超金榜題名術	陳蒼杰譯	200 元
19.	靈活記憶術	林耀慶編著	180 元
20.	數學增強要領	江修楨編著	180 元

・實用心理學講座・ 大展編號 21

1.	拆穿欺騙伎倆	多湖輝著	140 元
2.	創造好構想	多湖輝著	140 元
3.	面對面心理術	多湖輝著	160 元
4.	偽裝心理術	多湖輝著	140 元

・超現實心靈講座・ 大展編號 22

國家圖書館出版品預行編目資料

易學與科技／董光壁著
——初版，——臺北市，大展，2002〔民91〕
面；21公分，——（易學智慧；4）
ISBN 957-468-115-7（平裝）
1.易經—研究與考訂
121.17 90020620

中國瀋陽出版社授權中文繁體字版

易學與科技

ISBN 957-468-115-7

編 著 者／董光壁
責任編輯／信　群・薛勁松
負 責 人／蔡森明
出 版 者／大展出版社有限公司
社　　址／台北市北投區（石牌）致遠一路2段12巷1號
電　　話／（02）28236031・28236033・28233123
傳　　眞／（02）28272069
郵政劃撥／01669551
E - mail／dah-jaan@ms9.tisnet.net.tw
登 記 證／局版臺業字第2171號
承 印 者／國順文具印刷行
裝　　訂／嶸興裝訂有限公司
排 版 者／弘益電腦排版有限公司
初版1刷／2002年（民91年）2月

定　價／280元